von links nach rechts:
Ulrike Fetzer, Iris Erbach,
Linn Helbig, Katrin Imbery,
Daniela Picco, Anja Kunz

Foto: Harald Neumann

Ob vom Esstisch in den Schlafraum oder vom Spiel zum Windelwechsel: Kinder unter drei Jahren erleben täglich zahlreiche kleine Übergänge in ihrer Betreuungseinrichtung. Solche Mikrotransitionen, also die sich wiederholenden Wechsel in den Alltagsroutinen, sind für Kleinkinder zunächst verunsichernd. Pädagogische Fachkräfte stehen in diesen Übergangsphasen somit vor der Aufgabe, den Jüngsten Halt zu geben und sie ohne Hektik oder Zwang zu begleiten.

Wie können Fachkräfte Mikrotransitionen kleinkindgerecht gestalten?

Es hängt u.a. von der Responsivität jeder pädagogischen Fachkraft ab, wie sie ihr Antwortverhalten in diesen teils herausfordernden Situationen gestaltet. Stimme, Mimik und Körperhaltung sind für eine achtsame Übergangsgestaltung bedeutsam. Hilfreich sind außerdem Skripts, die den Kindern eine verlässliche Vorhersehbarkeit der Mikrotransition garantieren: Abläufe werden klar strukturiert, Wartezeiten möglichst vermieden und Wechsel angekündigt. Dank gut durchdachter Übergänge erleben nicht nur die Kinder ruhigere Abläufe, sondern auch ihre erwachsenen Bezugspersonen. Somit reduzieren sie nicht zuletzt das Risiko grenzverletzenden Verhaltens.

Dieses Sonderheft thematisiert erstmals auch die kleinen Übergänge im Freien: Muss die Begleitung der Übergangsphasen draußen anders gestaltet werden? Was gibt es hier zu beachten?

Eine bereichernde Lektüre wünscht

Ulrike Fetzer

Ulrike Fetzer,
Chefredakteurin

Fotos: Harald Neumann

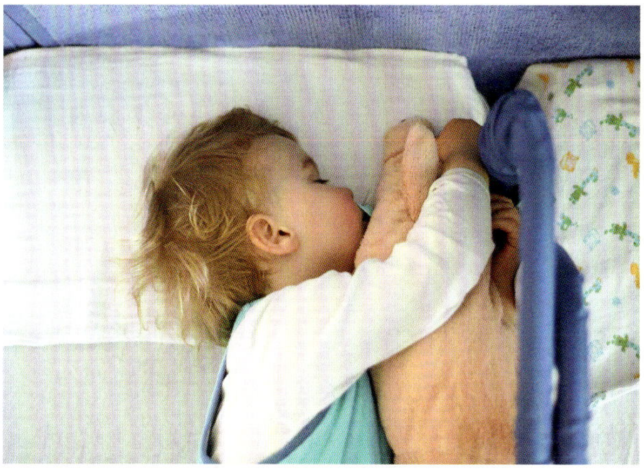

VII. RUND UM DEN TOILETTENGANG

VIII. HÄNDEWASCHEN IM TAGESABLAUF

IX. MEDIENTIPPS

U3-Glossar

Alle in diesem Themenheft orange hinterlegten Fachbegriffe finden Sie in unserem U3-Glossar auf *www.kleinstkinder.de*

I. MIKROTRANSITIONEN BEWUSST GESTALTEN

Stress in Alltagsübergängen reduzieren

Nahezu die Hälfte ihrer Zeit verbringen Kleinstkinder in der U3-Betreuung in kleinen Übergängen. Grund genug, diesen Mikrotransitionen endlich die Aufmerksamkeit zu schenken, die sie verdienen.

von Dorothee Gutknecht

1. Von großen zu kleinen Übergängen

Dass pädagogischen Fachkräften in der Arbeit mit Kleinkindern die Aufgabe zukommt, Übergänge angemessen zu gestalten, ist heute im Fachdiskurs unumstritten. Denn eine Vielzahl an Studien (Bensel/Haug-Schnabel 2018) hat gezeigt, welche gravierenden Folgen es für ein junges Kind haben kann, wenn der Übergang von der Familie in die Institution

- nicht von den Eltern begleitet wird,
- nicht abschiedsbewusst gestaltet wird,
- nicht an der Bezugsfachkraft orientiert geschieht.

Bei einer in dieser Weise ungenügenden Übergangsgestaltung haben Kinder ein vier Mal so hohes Risiko zu erkranken sowie Entwicklungsverzögerungen und sozial-emotionale Auffälligkeiten aufzuweisen (Laewen et al. 2011). Die viele Jahre übliche Praxis, junge Kinder einfach „über den Tresen" zu heben, an der Eingangspforte abzugeben oder sich gar heimlich wegzuschleichen, gilt darum nicht nur als veraltet, sondern als entwicklungsgefährdend. Auch falsche Versprechungen und Bagatellisierungen des Abschiedsschmerzes werden als unangemessen bewertet – und mit ihnen Sätze wie: „Lass mal, die beruhigt sich schon wieder!"

Zwei Seiten einer Medaille

Der Übergang eines Kindes von seiner Familie in die Institution wird als große Transition bezeichnet. Hier findet also ein großer Übergang statt, der den Eintritt des Kindes in eine fremde neue Welt darstellt. Von nun an erfährt es ein geteiltes Betreuungsfeld von Kita und Familie (Ahnert et al. 2012).

Von der Forschung wurden lange nur die Übergänge in den Blick genommen, die lebensgeschichtlich und in ihrer Bedeutung für die Identitätsentwicklung wichtig erschienen. So betonen Wilfried Griebel und Renate Niesel aus der Perspektive der Psychologie: „Transitionen sind Lebensereignisse, die [...] als bedeutsame biografische Erfahrungen von Wandel in der Identitätsentwicklung wahrgenommen werden" (Griebel/Niesel 2015, S. 37–38). Vor diesem Hintergrund wurden die kleinen Übergänge, die das Kind im Alltag einer Kita erlebt, lange Zeit wissenschaftlich kaum beachtet. Dabei erkennen und spüren Kleinkinder gerade an ihrem veränderten Tagesablauf – an den verschiedenen Alltagsroutinen, an den Wechseln der Bezugspersonen – den Unterschied zu ihrer bisherigen Lebenswirklichkeit. Geborgenheit empfinden sie, wenn sie Sicherheit in ihren Beziehungen zu vertrauten Personen erleben. Dabei

Fotos: Harald Neumann

Die Allerjüngsten benötigen in Übergängen besondere Unterstützung

ist es für das Kind von großer Bedeutung, dass seine Alltagsroutinen, die täglichen kleinen Übergänge und die Tagesrhythmik in der Einrichtung, im Wesentlichen erhalten bleiben (Gutknecht/Kramer 2018). Für das Kleinkind gibt es keine große Transition, die von den Alltagsroutinen und den mit ihnen verbundenen kleinen Transitionen losgelöst ist. Große und kleine Transitionen – Makro- und Mikrotransitionen – sind darum immer zusammen zu betrachten, als zwei Seiten einer Medaille (Gutknecht/Kramer 2018). Dadurch wird klar: Übergänge enden nicht mit der Eingewöhnung. Vielmehr erleben Kinder bis drei Jahre jeden Tag aufs Neue zahlreiche Übergänge, die von den pädagogischen Fachkräften zu gestalten sind. Selbst wenn diese Mikrotransitionen unabhängig von großen Übergängen stattfinden, ist das eine anspruchsvolle Aufgabe.

Wann finden Mikrotransitionen statt?

Unter Mikrotransitionen werden die kleinen (=mikro) Übergänge (=Transitionen) im Tagesablauf einer Einrichtung verstanden (Gutknecht 2010). Sie finden also nicht nur in der Kita statt: Der Begriff bezieht sich im Kontext des lebenslangen Lernens auf alle Übergänge im Alltag, ob in der Schule, in Institutionen für Kinder und Erwachsene mit Behinderungen oder sogar in Kontexten wie Pflegeheimen.

In der Kindertageseinrichtung handelt es sich nach Gutknecht (2010) um die täglichen Wechsel:

- von Aktivitäten (z.B. vom Spielen zum Aufräumen zum Essen),
- von Räumen (z.B. vom Wasch- in den Schlafraum),
- von Personen (z.B. durch Schichtwechsel).

2. Junge Kinder in Übergängen begleiten

Bei der Arbeit mit Kindern bis drei Jahre wird nahezu die Hälfte der Zeit in Transitionen verbracht (Malenfant 2006). Um hilfreiche Strategien zur Bewältigung von Mikrotransitionen zu erarbeiten, muss darum der gesamte Tagesablauf in den Blick genommen werden.

Schwierigkeiten mit den Übergängen haben Kinder insbesondere dann, wenn diese nicht vorhersehbar und verstehbar sind. Es entsteht dann erhöhter Stress und die Jüngsten verlieren ihre emotionale Regulationsfähigkeit. Dies betrifft besonders Kinder:

- deren kognitive Fähigkeiten noch nicht so weit entwickelt sind, dass sie zeitliche und organisatorische Abläufe gut überschauen können,
- mit einem (noch) hohen Assistenzbedarf,
- in der Eingewöhnungsphase,
- mit Zuwanderungsgeschichte, insbesondere, wenn sie die in der Kita gesprochene Sprache (noch) nicht verstehen und/oder ihr Erfahrungshintergrund stark von der Welt der Kita abweicht,
- mit Entwicklungsverzögerungen oder Behinderungen, besonders wenn Störungen in der Gedächtnisleistung, der emotionalen Regulation, des Sprachverständnisses oder der Wahrnehmungsleistungen vorliegen (s. INFO).

INFO

Mikrotransitionen inklusiv

Bei Kindern mit kognitiven Beeinträchtigungen (Sainato et al. 1987) oder mit schwerwiegenden Wahrnehmungsstörungen (Ayres 2013; Smith et al. 2012) müssen Tagesübergänge von den pädagogischen Fachkräften besonders achtsam begleitet werden (Mahoney/MacDonald 2007). So verlieren etwa Kinder im Autismus-Spektrum oft schon bei geringsten Veränderungen im Alltag ihre innere Balance, wie bspw. bei der Umgestaltung von Räumen (Dekoration an Weihnachten, beim Zuckerfest etc.). Auch Änderungen im Tagesablauf, z.B. durch Ausflüge, können großen Stress auslösen.

3. Stress im Kita-Alltag reduzieren

Über Untersuchungen zur Ausschüttung des Stresshormons Cortisol konnte nachgewiesen werden, dass

Kleinkinder in der Kita höherem Stress ausgesetzt sind als Kinder in der Familienbetreuung. Danach hatten viele unter Dreijährige über den Tagesverlauf der Kita hinweg auffällige Stresskurven. Stress kann sich negativ auf die frühe Gehirnentwicklung auswirken (D'Angiulli/Schibli 2016). Hohe Stresswerte wurden insbesondere in der Zeit der Eingewöhnung nachgewiesen. Zwar geht der Stresswert der Kinder nach der Eingewöhnungszeit etwas zurück, doch auch danach bleibt er deutlich über dem Wert, den Kinder zu Hause haben. Stressreduktion im Kita-Alltag ist somit eine zentrale Aufgabe der pädagogischen Fachkräfte. Dafür müssen sie insbesondere die Gestaltung der Mikrotransitionen in den Blick nehmen. Diese lassen sich in drei Zeiträume unterteilen (Malenfant 2006, Gutknecht 2015, Gutknecht/Kramer 2018):

- die Zeit vor dem Übergang,
- die Zeit während des Übergangs,
- die Zeit nach dem Übergang.

Skripts in der Übergangsgestaltung

Der Alltag in einer Kita besteht aus einer Abfolge von Routinen. Hierunter werden Handlungsabläufe verstanden, die sich jeden Tag in der gleichen Weise wiederholen. Kinder bauen zu diesen Alltagsroutinen sog. **mentale Skripts** auf, die für sie eine Ordnungsstruktur des Tages ergeben. Sie lernen: „So geht in meiner Kita Waschraum" oder „So geht hier Mahlzeit". Zum Skript gehören typische Aussagen, die die Routinen begleiten („Guten Appetit!"). Aber auch die Handlungsabfolgen (z.B. vor dem Essen Hände waschen) und die zugehörigen Bewegungen (z.B. Seifenspender nach unten drücken, Waschbewegung der Hände) sind Teile des Skripts. Durch die tägliche Routine erlernen Kinder so das Kita-Skript, das sich in vielen Punkten vom Familien-Skript unterscheiden kann. Gemeinsam haben alle Skripts jedoch, dass sie immer auch kulturell geprägt sind.

Die im Gehirn abgespeicherte Reihe an Skripts – von der Begrüßung am Morgen bis zum Abschied am Nachmittag – bildet die Tagesstruktur so ab, wie sie tatsächlich wahrgenommen wird. Wenn das Kind täglich eine chaotische Waschraumsituation erlebt, baut es ein Skript auf, das genau diese Erfahrung, dieses Durcheinander abbildet: das Schreien der Kinder, das Gegengeschrei der Erwachsenen, Wasserpfützen auf dem Boden, das Unsicherheitsgefühl, weil es die Abläufe nicht versteht. Bei unübersichtlichen Alltagssituationen ist es darum grundsätzlich schwieriger, ein festes Skript aufzubauen und sich daran zu orientieren.

Emotionen erfolgreich regulieren

Ungenügend gestaltete Routinen wirken sich emotional, sprachlich und auch in den Bewegungsvollzügen negativ aus. Die emotionale Wechselseitigkeit führt leicht dazu, dass Kinder und Erwachsene in Übergangssituationen in einen Teufelskreis geraten. Denn auch bei der emotionalen Regulationsfähigkeit der Erwachsenen kann es zu stressbedingten Einbrüchen kommen. Fühlen sich Fachkräfte angestrengt von den Reaktionen der Kinder, sehen sie sich u.U. weniger in der Lage, die Emotionen der Kinder zu regulieren:

Pädagogin Sonja bereitet zusammen mit Lilli (2 Jahre) und Anna (2;3 Jahre) den Esstisch vor, während die anderen Kinder noch mit Kollegin Betty im Waschraum sind. Liam (2;6 Jahre) stürzt heraus und kippt lautstark die große Box mit Bausteinen um. Entnervt schreit Sonja: „Hör endlich auf!" Lilli und Anna können die Situation nicht einschätzen und fangen an zu weinen. Sie haben nicht verstanden, dass der Ausruf gar nicht ihnen, sondern Liam galt, der jetzt auch anfängt zu weinen. Mehrere Kinder müssen nun in ihren Emotionen begleitet und reguliert werden. Sonja schafft das nicht allein. Erst mit der Hilfe von ihrer Kollegin kehrt wieder Ruhe ein.

Mit gestalteten Übergängen erleben Kinder in der Gruppe ruhigere Abläufe. Dadurch können sie ein Skript aufbauen, das zur Orientierung beiträgt und die eigenen Emotionen zu regulieren hilft. Ruhigere Abläufe wirken sich nicht zuletzt auch posi-

Fotos: Harald Neumann

tiv auf die erwachsenen Bezugspersonen aus. Indem sie ausgeglichen bleiben, sinkt das Risiko grenzverletzender Verhaltensweisen.

4. Übergänge aktiv gestalten

Wie können Fachkräfte Mikrotransitionen kleinkindgerecht gestalten? Indem sie die Abläufe klar strukturieren, Wartezeiten vermeiden und Wechsel – auch durch sinnvolle Signalgeber – ankündigen, kommen Stress und Unruhe gar nicht erst auf.

Wartezeiten vermeiden

Viele pädagogische Fachkräfte sind davon überzeugt, dass Kinder lernen müssen zu warten bzw. abzuwarten. Wird diese Überzeugung auf die U3-Betreuung übertragen, nehmen Fachkräfte u. U. viele und lange Wartezeiten über den Kita-Alltag verteilt in Kauf. Gerade bei jungen Kindern führt es aber zu erheblichen Frustrationen, wenn sie warten müssen – was sich oft in Bewegungsunruhe und Schreien äußert. Dies kann bei allen Beteiligten Stress auslösen. Darum empfiehlt es sich, die Wartezeiten in regelmäßigen Abständen zu erfassen und zu dokumentieren. Wenn sich zeigt, dass die Kinder zu oft oder zu lange warten, müssen neue Lösungen gefunden werden. Das gelingt meist über eine verbesserte Organisation, die Wartezeiten reduziert oder aufhebt.

Jetzt aber zackig: Erleben sie einen Übergang täglich als hektisch, speichern Kinder diesen entsprechend ab

Gruppieren & Wechsel ankündigen

Um Mikrotransitionen zu strukturieren und Wartezeiten zu minimieren, können Fachkräfte auf zwei didaktische Prinzipien zurückgreifen: Gruppieren und Veränderungen ankündigen. *Gruppieren* bedeutet, dass niemals alle Kinder zur gleichen Zeit das Gleiche tun (Malenfant 2006). Insbesondere Orts- und Raumwechsel werden daher so begleitet, dass Kinder die Wechsel möglichst in Kleingruppen und gestaffelt vornehmen. Damit beim Warten keine Unruhe entsteht, sollten große Gruppenbewegungen nach Möglichkeit vermieden werden.

Gut begleitete und gestaltete Mikrotransitionen zeichnen sich außerdem durch sinnvoll platzierte Vorankündigungen aus. Dies gilt vor allem, wenn Kinder in ein Spiel vertieft sind, denn Spielunterbrechungen werden von manchen unter Dreijährigen nur sehr schlecht toleriert. Indem die Fachkräfte den Wechsel rechtzeitig ankündigen und die Folgeaktivität benennen, bereiten sie die Kinder auf Veränderungen vor: „Mona, gleich gehen wir nach draußen. Du kannst deinen Roller schon einmal unter das Dach stellen."

Musik gezielt einsetzen

Musik wird in vielen aktuellen Fachbüchern als wichtige Strategie für die Übergangsbegleitung jüngerer Kinder benannt. Praxisbeobachtungen im Freiburger Frühpädagogik Netzwerk *QuiKK* konnten jedoch zeigen, dass die Frage zum Einsatz von Musik deutlich differenzierter betrachtet werden muss. Genauso wie Musik Spannung abbauen und damit ruhige Mikrotransitionen fördern kann, kann sie auch Spannung aufbauen und zur weiteren Eskalation der Gesamtsituation beitragen. Wenn Kinder bspw. in der Garderobensituation außer sich geraten, weinen oder schreien und die Antwort

TIPP

Reflexionsfragen für den Einsatz von Transitionsliedern

- Senkt oder erhöht das Lied die allgemeine Unruhe bzw. die Unruhe einzelner Kinder? Erhöht das Lied den Stress? Verhindert es ein Zur-Ruhe-Kommen?
- Soll das Lied Spannung aufbauen oder abbauen?
- Stellt das Lied eine Hilfe im Bereich des Sprachverstehens dar? Unterstützt es Kinder mit Migrationshintergrund, mit Entwicklungsverzögerungen oder Behinderungen darin, die Situation auch ohne Worte zu verstehen? Leistet das Lied damit einen Beitrag zu mehr Partizipation?
- Profitiert die Gruppenatmosphäre davon, dass die Kinder zu dem ausgewählten bzw. angestimmten Lied klatschen, stampfen oder schunkeln?
- Bereitet das Lied und die Art, wie es gesungen und umgesetzt wird, die Kinder gut auf die Folgesituation vor?
- Was muss ein Lied auszeichnen und wie muss es umgesetzt werden, damit es die Folgesituation unterstützt?
- Wie ist die jeweilige Situation gestaltet? Sitzen die Kinder bereits? Soll eine Wartezeit überbrückt werden?
- Ist eine sprachliche Begleitung in der Situation zielführender als das Singen eines Transitionslieds?

der Fachkraft darin besteht, dass sie laut dagegen ansingt, entstehen Unruhesituationen, die zuweilen wie absurdes Theater anmuten. Gleiches gilt für Aufräumsituationen in einer Gruppe, in der bereits eine hohe Spannung herrscht. Auch gilt es zu bedenken, dass sich die Signalwirkung eines Liedes immer an alle Kinder richtet. Soll nur eine Teilgruppe angesprochen werden, besteht darum das Risiko, dass sich auch alle anderen Kinder in ihrer Tätigkeit unterbrochen fühlen und abgelenkt sind.

Musik ist also grundsätzlich als Intervention zu behandeln, die immer mit Wirkungen, aber auch mit negativen Nebenwirkungen verbunden sein kann. Die Pikler-Pädagogik, die diese unerwünschten Nebenwirkungen in den Blick nimmt, spricht sich darum klar gegen einen pauschalen Einsatz von Musik aus (Gutknecht/Bader 2018). Passende Reflexionsfragen helfen Fachkräften zu entscheiden, wann welche musikalische Begleitung im Alltag sinnvoll ist (s. TIPP).

Foto: triocean – iStock-GettyImages

Mit Klangschale & Co. Signale geben

In vielen Einrichtungen nutzen pädagogische Fachkräfte Klangschalen, um einen Übergang anzukündigen. Denn die Klangschale dringt durch den Gruppenlärm gut durch. Dabei darf jedoch nicht übersehen werden, dass dieser Klang von Kleinkindern nicht immer positiv wahrgenommen wird. Für sie kann er bedeuten: „Jetzt muss ich mit dem Spiel aufhören" oder „Jetzt darf ich nicht mehr toben, sondern muss mich in den Morgenkreis setzen". Viele Kinder haben mit diesen Unterbrechungen Schwierigkeiten und reagieren aversiv, also widerwillig. Darum sollten pädagogische Fachkräfte abwägen, ob sie die Wechsel nicht lieber wiederholt verbal ankündigen wollen. Auch eine Veränderung in der Art des Klangsignals vermag die Situation zu entspannen. So können z.B. eine Rührtrommel oder ein Xylophon den Wechsel ankündigen – beide klingen weicher als eine Klangschale.

5. Draußen & unterwegs

Aktuelle Forschungsergebnisse (Engemann et al. 2019) zeigen die hohe Bedeutung einer naturreichen Umgebung für die psychische Gesundheit. Eine Kindheit, in der Wälder, Wiesen, Gärten oder Parks eine große Rolle spielen, verringert das Risiko, im Laufe des Lebens psychisch zu erkranken, um bis zu 55 % (Engemann et al. 2019).

Die sinnesanregende Umgebung des Waldes und die Bewegung hilft Kindern zu entspannen (Cooke et al.

2020). Trotz dieser spannungsausgleichenden Wirkung der Natur verdienen aber auch Mikrotransitionen in Waldkitas oder in Kitas mit einzelnen Waldtagen bzw. einem Außenbereich besondere Aufmerksamkeit. Denn auch im Freien bergen kleine Übergänge Stresspotenzial für die Jüngsten. Aktuell finden bspw. folgende Fragen im Fachdiskurs noch kaum Beachtung:

- Was bedeutet es, wenn der Übergang zum Wickeln oder zum Toilettengang draußen vollzogen wird?
- Muss die Begleitung der Kinder in den Übergangsphasen zum Schlafen oder Essen draußen anders gestaltet werden? Was gibt es hier zu beachten?

Besondere Probleme – besondere Lösungen

Draußen wie drinnen können Fachkräfte Stress im Kita-Alltag reduzieren, wenn sie die kleinen Übergänge klar strukturieren und Wechsel ankündigen. Da im Freien allerdings andere Probleme auftauchen können als in den vertrauten vier Wänden, braucht es hier zusätzlich ein ganz spezifisches Handlungsrepertoire. Manche Kinder fühlen sich im Wald etwa urplötzlich verloren, wie in einem großen, entgrenzten Raum. Dieses Gefühl kann besonders intensiv sein, wenn die Eltern nach der Verabschiedung noch sehr lange zu sehen sind – ganz anders als im Kita-Gebäude, wo die sich schließende Tür den Abschied deutlich markiert. Kinder reagieren durchaus unterschiedlich: Benötigt ein Kind den klaren Abschluss, ist für ein anderes die sich langsam vergrößernde Distanz der bessere Weg. Beide können aber Begleitung während oder nach der Situation benötigen. Die Fachkräfte haben dabei immer den Auftrag, eine pädagogische Brückenfunktion einzunehmen.

Wickeln, Essen oder Schlafen: Kleine Übergänge gibt's auch an der frischen Luft

Literatur

Ahnert, L./Kappler, G./Eckstein-Madry, T.: Eingewöhnung in der Kinderkrippe: Forschungsmethoden zu Bindung, Stress und Coping. In: Viernickel, S./EdelmannD./ Hoffmann, H./ König, A. (Hrsg.): Krippenforschung. Methoden, Konzepte, Beispiele. München: Reinhardt 2012, S. 74–88

Bensel, J./Haug-Schnabel, G.: Aussagen der Forschung zu den Effekten institutioneller Betreuung in den ersten Lebensjahren auf die Entwicklung des Kindes. Expertise im Auftrag der Sophie von Liechtenstein Stiftung. Schaan/Liechtenstein 2018

Gutknecht, D.: Bildung in der Kinderkrippe. Wege zur professionellen Responsivität. Stuttgart: Kohlhammer 2015

Die vollständige Literaturliste erhalten Sie auf www.kleinstkinder.de oder auf Anfrage bei der Redaktion.

II. ALLTAGSÜBERGÄNGE BEI DEN MAHLZEITEN

Achtsame Balance zwischen Freiheit und Struktur

Damit am Esstisch kein Stress aufkommt, braucht es ausbalancierte Mikrotransitionen, die Sicherheit und zugleich Freiräume bieten – und eine responsive Begleitung, die das Essenlernen selbst mitdenkt.

von Dorothee Gutknecht

1. Responsive Begleitung beim Essenlernen

Mahlzeiten responsiv zu begleiten, zählt zu den anspruchsvollsten Aufgaben in der Gruppenbetreuung von Kindern bis drei Jahre. Denn hier wird das Thema des geteilten Betreuungsfeldes von Familie und Kita und damit auch der großen und kleinen Übergänge besonders deutlich. Nur wenn pädagogische Fachkräfte Mikrotransitionen rund um die Mahlzeiten so gestalten, dass sie mögliche Stressoren minimieren und die Entwicklungsaufgabe der Kinder selbst in den Blick nehmen, können sie die Jüngsten beim Essen- und Trinkenlernen gut unterstützen. Welche entwicklungsbedingten Anforderungen bei der Gestaltung der kleinen Übergänge zu beachten sind, soll im Folgenden dargestellt werden.

Neue Nahrungsmittel erschließen

Kinder kennen zunächst nur warme, weiße Milch. Damit sie ein breites Nahrungsmittelspektrum akzeptieren, sind sie auf positive Interaktionsprozesse mit ihren Bezugspersonen angewiesen. Um keine Anspannung und Angst vor neuen Lebensmitteln im Sinne einer Neophobie entstehen zu lassen (Methfessel et al. 2021), haben Eltern und pädagogische Fachkräfte die Aufgabe, dem Kind ein Essmodell zu geben. Das Kind sollte die Erwachsenen bei der Nahrungsaufnahme sehen und beobachten können. Auch das Essen schmackhaft zu machen, indem Erwachsene Speisen ohne Druck anbieten und sie positiv und lautmalerisch kommentieren („Mmhh, das schmeckt gut!"), trägt zu einem positiven Verhältnis bei. Eine umfassende Probierdidaktik (s. TIPP), die auf die Bedürfnisse der Kinder eingeht, bildet die Grundlage für den Umgang mit neuen Lebensmitteln.

Sensomotorische Anforderungen

Um Lebensmittel essen und trinken zu können, brauchen Kleinkinder eine ausreichende Körperspannung. Groß-, Fein- und Mundmotorik müssen gut koordiniert zusammenspielen. Die rotierende Kaubewegung ist bspw. erst mit ca. zwei Jahren erworben (Gutknecht 2015). Freies Sitzen und eine gute Balance sorgen neben einer regulären Sinneswahrnehmung dafür, das Verschluckrisiko gering zu halten. Aus diesem Grund benötigen Kinder beim Essen geeignetes Mobiliar, das ihnen einen Bodenkontakt der Füße ermöglicht. Die Assistenzhandlungen rund um die Mahlzeiten erfordern außerdem ein professionelles Handling (Gutknecht et al. 2018). Dies betrifft folgende Aspekte beim Anreichen des Essens:

- das Einhalten eines angemessenen Füttertempos,

Fotos: Harald Neumann

- das Beachten kindlicher Signale,
- die Begleitung des Kindes in den Reinigungsfunktionen nach der Mahlzeit, wie Lätzchen entsorgen oder Mund abwischen.

Emotional aufgeladene Esssituationen

Emotionen beim Essen spielen bei Kindern und Erwachsenen eine große Rolle. So wirkt bei den erwachsenen Bezugspersonen die eigene Essbiografie mit guten und schlechten Erinnerungen nach. Es lässt sich häufig feststellen, dass Esssituationen mit Risiken grenzverletzenden Verhaltens verbunden sind. Dies kann die Familie betreffen, aber auch die Institution. Druck und Zwang führen nicht dazu, dass ein Kind gerne isst. Ein achtsamkeitsbasiertes Kinderschutzkonzept, das auch eine professionell-responsive Assistenz in der Konzeption verankert, ist darum für jede Kita zentral (Oppermann et al. 2018).

Wissenschaftliche Studien der letzten Jahre problematisieren außerdem das sog. emotionale Essen. Im Interaktionsaustausch mit den erwachsenen Bezugspersonen wird hier dem Kind Essen angeboten, wenn es negative Emotionen spürt. Statt der benötigten emotionalen Zuwendung erhalten die Kinder Nahrungsmittel zum Trost, zur Ablenkung oder zur Beruhigung. Auf diese Weise lernt das Kind, unangenehme Gefühle mit Essensaufnahme zu „bekämpfen". Das hat Folgen: Aktuelle Forschungen zeigen, dass diese Praxis häufig zu Übergewicht im Schulalter führt (Herle et al. 2017). Schließlich kann auch hoher Druck das Essverhalten von Kindern negativ beeinflussen. Insbesondere die Erfahrung von Zwang bei den Mahlzeiten kann ihnen „den Magen verschließen". Sie essen dann oft zu wenig, erleben den Esstisch als Stresstisch und haben nicht selten Untergewicht. *Emotionales Essen* im Sinne eines Zuviel *(Over-Eating)* oder Zuwenig *(Under-Eating)* kann zu späteren Essstörungen führen.

TIPP

Probierdidaktik – Kleinkinder neugierig auf Essen machen

Zeigen manche Kinder ein wagemutiges, experimentierfreudiges Essverhalten, zeichnen sich andere eher durch große Vorsicht und Skepsis aus. Beim Erkunden neuer Lebensmittel profitieren Kleinkinder darum von einer reflektierten Probierdidaktik, die das Temperament des einzelnen Kindes berücksichtigt (Gutknecht/Höhn 2017).

Da das Probieren neuer Lebensmittel in der Gruppenbetreuung oft konfliktbehaftet ist, sollten pädagogische Fachkräfte darauf achten, es Schritt für Schritt zu fördern. Dabei wird das Probieren als Thema des gesamten Alltags betrachtet – die Kinder üben es auch im Rollenspielbereich, wenn dort bspw. Essutensilien aus aller Welt zu finden sind, Esssituationen aus dem Familienalltag oder Restaurantsituationen nachgespielt werden können. Auch Spiele mit Sand, bei denen Kuchen gebacken, Suppe gekostet, nachgewürzt oder kühl gepustet wird, sind dazu geeignet, ein positives Klima für das Probieren zu schaffen. Gemeinsames Einkaufen von Lebensmitteln und deren Zubereitung gehören ebenfalls zur Probierdidaktik und Ernährungsbildung (Methfessel et al. 2021).

„Kochen und backen" mit Sand fördern die Neugier aufs Essen

2. Stressfreie Mahlzeiten durch strukturierte Übergänge

Im Alltag erleben pädagogische Fachkräfte schnell und langsam essende Kinder, solche mit wählerischem Essverhalten und andere, die das Essen schlingen oder in der Wangentasche bunkern. Das führt im Alltag schnell zu unübersichtlichen und stressvollen Situationen – mit zum Teil schwerwiegenden Folgen. So kann etwa häufiges Verschlucken die Angst vor Lebensmitteln nach sich ziehen. Die Kinder wählen Nahrung in der Folge dann eher nach sicher und unsicher aus statt nach Geschmack und Vorlieben. Eine unsichere Motorik führt außerdem zu Verspannungen. Auch Lärm oder vielfältige visuelle Reize sind ein großer Stressor, da die Jüngsten sich damit schlecht auf die Essvorgänge und den Umgang mit den Esswerkzeugen wie Löffel oder Gabel konzentrieren können.

INFO

Strukturierungshilfen rund ums Essen

- klare Reihenfolge und regelmäßige Abläufe, um den Aufbau eines Skripts zu erleichtern
- klare Sitzplatzzuweisung, die erst bei entsprechenden Voraussetzungen situativ flexibel gehandhabt werden kann (Balance zwischen Freiheit und Struktur)
- altersgerechtes Geschirr, damit das Kind beim Essprozess partizipieren kann
- bei Bedarf eine frühere und eine spätere Essenszeit, damit müde Kinder zuerst essen und früher schlafen gehen können
- Visualisierungshilfen: bebilderte Tischsets, Bildfolgen, die die Reihenfolgen der Abläufe darstellen
- auditive Markierungen: thematisch passende und vorbereitende Transitionslieder (allerdings nur, wenn sie sich günstig auf die Gruppe und das Gruppenklima insgesamt auswirken)

Sicherheit & Freiräume im richtigen Maß

Um den Gesamtstress niedrig zu halten, müssen Fachkräfte Esssituationen gut strukturieren. Das gelingt, indem sie Handlungsfolgen ankündigen, Strukturierungshilfen nutzen (s. INFO) und Mikrotransitionen achtsam und responsiv gestalten. Was bedeutet das in der Praxis? Rund um die Gestaltung von Mahlzeiten sollten sich pädagogische Fachkräfte bewusst machen, dass die genaue Vorhersehbarkeit im Alltag auf der einen Seite dazu führt, dass Kleinkinder sich sicher fühlen. Auf der anderen Seite darf aber nicht aus dem Blick geraten, dass Flexibilität und Partizipation zentrale Ziele bei der Gestaltung des Kita-Alltags sind. Wenn die Mädchen und Jungen die jeweiligen Strukturen erkannt haben, tragen Freiräume zum Wohlbefinden bei. Responsiv zu handeln bedeutet deshalb, die Balance von Freiheit und Struktur im Blick zu behalten – und mehr Freiräume zu geben, sobald die Kinder ein entsprechendes Skript zu den Mahlzeiten sicher verinnerlicht haben.

Gemeinsam Obst und Gemüse einzukaufen, animiert dazu, Neues auszuprobieren

Fotos: Harald Neumann

Wahlfreiheit beim Sitzplatz?
Eine klare Sitzplatzordnung am Esstisch gibt Kindern Sicherheit: Gleichgültig, ob sie schnell oder langsam aus dem Waschraum kommen, können sie darauf vertrauen, „ihren" Platz frei vorzufinden. Wenn Kinder aber bereits gut eingewöhnt sind und die Kita schon länger besuchen, beginnen sie mit Regeln zu experimentieren. So möchten sie z.B. nach einer gelungenen Spielphase sehr gern auch am Esstisch neben dem Mädchen oder Jungen sitzen, mit dem sie zuvor mit Freude gespielt haben. In der pädagogischen Begleitung kann hierauf flexibel reagiert werden. Das gelingt insbesondere, wenn die pädagogischen Fachkräfte einen guten Überblick haben und die Wirkungen von Platzwechseln bei den einzelnen Kindern gut einschätzen können. Je sicherer die Gruppe insgesamt ist, umso eher lassen sich Plätze flexibel tauschen. Mit zunehmenden sprachlichen Fähigkeiten der Kinder kann dies zudem besser kommuniziert und verhandelt werden.

Altersgerechtes Geschirr fördert die Partizipation des Kindes beim Essprozess

3. Essbrücken als Übergangshelfer

Bei Säuglingen und Kleinkindern nimmt das Thema Essen in der Familie eine sehr große Rolle ein. Essen ist ein Lebens- und Überlebensthema und wird von den Eltern, die sich für Wachstum und Gedeihen ihres Kindes verantwortlich fühlen, als zentral bewertet. Der Austausch zu diesem Thema ist im geteilten Betreuungsfeld daher ein überaus sensibler Bereich.
Ablesen lässt sich die hohe Bedeutung der Essthematik auch daran, dass viele Familien sog. **Essbrücken** (Gutknecht/Höhn 2017) nutzen – beim Übergang von zu Hause in die Kita, aber auch in der Abholsituation. So kommen viele Kinder morgens mit einem Nahrungsmittel in der Hand in der Kita an, auch wenn sie anschließend mit den anderen Kindern zusammen frühstücken. Am Nachmittag begrüßen die Eltern sie dann oft wieder mit einem Snack, obwohl ihr Nachwuchs gerade eine Obstmahlzeit o. Ä. zu sich genommen hat. Vielen Eltern ist gar nicht bewusst, dass sie solche *Essbrücken* einsetzen. In Entwicklungsgesprächen sollte das thematisiert werden, um die Menge der Nahrungsaufnahme sorgfältig im Blick zu behalten, und zwar sowohl in der Familie als auch in der Kita.

Ankerlebensmittel
Mit dem Wechsel von der Familie in eine Einrichtung erlebt das Kind eine „neue Esswelt" mit anderen Nahrungsmitteln und Geschmacksrichtungen. Wenn es zu sehr stressbelasteten Situationen kommt und Kinder aus diesem Grund über viele Stunden hinweg keine Nahrung aufnehmen wollen, empfiehlt sich die Arbeit mit sog. **Ankerlebensmitteln** (Gutknecht/Höhn 2017). Welche Lebensmittel sich als *Ankerlebensmittel* eignen, wird mit den Eltern schon vor der Eingewöhnung besprochen. Dabei handelt es sich um dem Kind vertraute Lebensmittel, etwa Zwieback, Apfel, Feige oder Knäckebrot.

4. Draußen & unterwegs

Auch in Waldkitas oder an speziellen Waldtagen sind Mikrotransitionen bzgl. gemeinsamer Esssituationen zu gestalten, also Übergänge von einer Aktivität hin zum Essen und vom Essen hin zu neuen Aktivitäten. Bei warmer Witterung suchen die Fachkräfte zunächst einen Platz, an dem sich die ganze Gruppe in einen Kreis setzen kann. Waldkitas, aber auch Kitas, die regelmäßig einen Waldtag in der Woche praktizieren, haben oft einen angestammten Essplatz im Wald. Kinder, die neu in die Gruppe gekommen sind, benötigen evtl. bereits unterwegs eine *Essbrücke* (s. INFO S. 16).
In der U3-Praxis werden die Rucksäcke der Kinder von den Fachkräften in einem Beiwagen transportiert und, wenn der Frühstücksplatz erreicht ist, an die Mädchen und Jungen

Eine bunte Vesperdecke lädt zum gemütlichen Picknick auf der Wiese ein

verteilt. Oft wird dieser Moment pädagogisch genutzt. So kann die Fachkraft einen Rucksack hochhalten und beschreiben: „Ich habe hier einen blauen Rucksack mit zwei Blumen drauf. Wem könnte dieser Rucksack wohl gehören?" Kinder verfolgen diese Situationen mit großer Aufmerksamkeit und lernen darüber auch Farben, Formen und Bezeichnungen kennen. Danach gehen alle zum Händewaschen (s. Kapitel VIII) und packen ihre Rucksäcke aus.

INFO

Essbrücken im Wald

Gerade in der Eingewöhnungszeit verlangen manche Kinder unterwegs nach etwas zum Essen oder Trinken. Darauf sollten sich Fachkräfte einstellen und eine Banane, ein paar Rosinen o. Ä. in greifbarer Nähe haben. Erstaunlicherweise passen sich aber auch die Jüngsten sehr schnell dem Gruppenrhythmus an. Nach wenigen Wochen sind sie im Waldalltag angekommen und schaffen den Weg ohne eine Essbrücke.

Essplatz einrichten

Während im Haus ein gestalteter Raum für die Esssituation vorhanden ist, empfiehlt es sich im Wald, die Mitte des Sitzkreises zu markieren, damit sich alle daran orientieren können. Dafür kann man z.B. selbst gesammelte Materialien der Kinder (Steine, Stöcke etc.) nutzen.
Eltern sollten außerdem frühzeitig darüber informiert werden, dass jedes Kind aus hygienischen Gründen eine kleine Vesperdecke benötigt (in der Größe eines halben Küchentuches). Darauf kann es seine Flasche und Vesperdose abstellen, und alles bleibt auch dann sauber, wenn der Boden matschig ist. Eine Sitzmatte dient als Kälte- und Nässeschutz.
Beim Essen im Bauwagen trägt eine feste Sitzordnung dazu bei, die Übergangsgestaltung ruhiger ablaufen zu lassen. Sie ist besonders dann sinnvoll, wenn ältere Kinder die Jüngeren unterstützen können. Kinder mit höherem Assistenzbedarf sollten hier neben einer Fachkraft sitzen.

Achtsame Gestaltung der Mahlzeit

Wenn alle Kinder ihren Essplatz eingerichtet haben, markiert z.B. das Anzünden einer Kerze den Beginn des Frühstücks. Alternativ zeigt der Ton einer Klangschale oder einer Zimbel den Beginn der Mahlzeit an. Er dient nur als akustisches Signal, nicht als Disziplinierungsmaßnahme. Eine achtsame Hinwendung zum Essen und Trinken kann auch durch eine sprachliche Begleitung der Fachkraft unterstützt werden, z.B.: „Wir spitzen unsere Ohren, wir lauschen auf die Geräusche im Wald und den Klang der Zimbel. Wenn ihr wollt, könnt ihr die Augen schließen." Dann wird die mitgebrachte Zimbel bzw. Klangschale einmal angeschlagen.
Viele Waldkitas nutzen Achtsamkeitsformate, die eine Hinwendung zur Naturumgebung beinhalten. Bei einem solchen Ablauf erlebt die Kindergruppe einen Moment des Innehaltens und der Ruhe. Dabei achten Fachkräfte auf mögliche Unruhepole, um diese mit Blicken freundlich zu beeinflussen. Doch die Erfahrung zeigt: Sehr häufig verlaufen Esssituationen unter freiem Himmel entspannter und ruhiger als in geschlossenen Räumen.

Literatur

Gutknecht, D.: Bildung in der Kinderkrippe. Wege zur Professionellen Responsivität. Stuttgart: Kohlhammer 2015

Gutknecht, D./Höhn, K.: Essen in der Kinderkrippe. Achtsame und konkrete Gestaltungsmöglichkeiten. Freiburg: Herder 2017

Gutknecht, D./Stehmeier, S./Daldrop, K.: Responsives Handling – Teil 3: Achtsame Begleitung bei den Mahlzeiten in der Kita. In: Kleinstkinder in Kita und Tagespflege, 8-2018, S. 16–18

Die vollständige Literaturliste erhalten Sie auf www.kleinstkinder.de oder auf Anfrage bei der Redaktion.

Foto: Nathalie Rahm

III. EINSCHLAFPROZESSE BEGLEITEN

Willkommen, lieber Sandmann

Um einzuschlafen, brauchen Kleinstkinder in der Übergangsgestaltung einen beziehungsvollen Kontakt und entspannende Rituale. Sorgen Fachkräfte dann noch für eine Prise Magie, finden die Jüngsten gut zur Ruhe.

von Maren Kramer

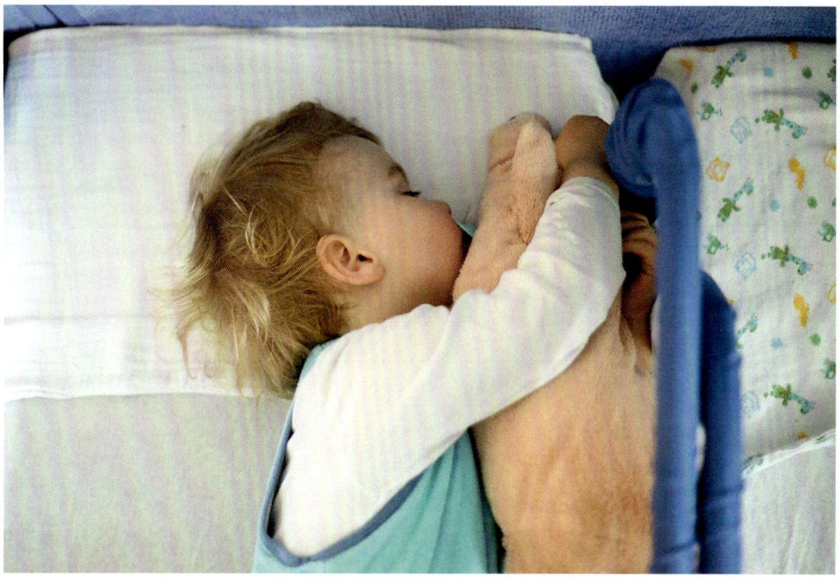

1. Gut & gern einschlafen

Schlaf kann nicht erzwungen werden! Erst wenn wir uns entspannen, unser Körper loslässt und ihn willkommen heißt, finden wir zur Ruhe (Renz-Polster/Imlau 2016). Das Schlafsetting spielt hierfür eine enorme Rolle, da es im Idealfall Vertrautheit, Geborgenheit und Sicherheit vermittelt. Neben dem Schlafort und dem Einschlafprozess sind es aber auch die sich täglich wiederholenden Übergänge, also Mikrotransitionen, die wesentlich dazu beitragen, den Körper auf die Ruhezeit vorzubereiten (Kramer/Gutknecht 2018).

Nicht selten wird davon ausgegangen, dass Kinder schon schlafen wollen, wenn sie müde sind – und dass sie sich von allein ein passendes Plätzchen in der Kita suchen. Der renommierte Kinderarzt Renz-Polster (2017) widerspricht dieser Annahme. Zwar fallen müden Kindern irgendwann die Augen zu, allerdings schlafen sie deswegen nicht automatisch gut oder gern. Wenn sie aber Schlafen nicht positiv assoziieren, beginnen sie dagegen anzukämpfen. Daraus folgen kurze Schlafphasen, zu spätes Einschlafen oder die dringend benötigte Mittagsruhe fällt gleich ganz aus. Darunter leidet nicht nur der Alltagsrhythmus, sondern vor allem die betroffenen Kinder selbst (s. INFO).

Einschlafroutine im Kita-Alltag
Damit die Mittagsruhe gut gelingt und sich in einen funktionierenden Kita-Alltag integriert, sollten pädagogische Fachkräfte ein paar zentrale Faktoren bedenken. Für den (Ein-)Schlafprozess ist vor allem der kleine Übergang zur Mittagsruhe ein wichtiger Indikator. Der täglich wiederkehrende, vom Kind im Detail bekannte, in der Reihenfolge nahezu unverrückbare Ablauf schafft Sicherheit. Und er ermöglicht auch müden Kindern, an der Mikrotransition teilzunehmen. Durch den ritualhaften Charakter gelingt es ihnen, aktive Denkprozesse abzuschalten, die bei unbekannten oder komplexen Situationen erforderlich sind. Passen die pädagogischen Fachkräfte Mikrotransitionen also an die Situation an, reguliert der feste Ablauf innere Erregungszustände und entspannt die Kinder. Das ist insofern von Bedeutung, als Fachkräfte in der Arbeit mit den Jüngsten vor der herausfordernden Aufgabe stehen, eine große Anzahl an Kindern in recht kurzer Zeit in die Mittagsruhe zu begleiten und sie dabei durch verschiedene Aktivitäten (ausziehen, wickeln, warten, in den Schlafraum bringen etc.) zu führen.

2. Beziehungssicherheit herstellen

Um sich ganz und gar dem Schlaf anzuvertrauen, sind junge Kinder auf den Schutz menschlicher Beziehungen angewiesen (Renz-Polster/

Fotos: Harald Neumann

Ich pass auf dich auf, während du schläfst: Beziehungsvoller Kontakt vermittelt Sicherheit

INFO

Wenn Kleinkinder unter Schlafmangel leiden

Zu wenig oder schlechter Schlaf hat weitreichende Folgen. Übermüdete Kinder verfügen über weniger Bildungschancen als ihre Altersgenossen mit einem gesunden Schlafrhythmus (Kramer/Gutknecht 2018). Denn wer müde ist, kann sich schlechter konzentrieren, hat weniger Lust auf intensive Bildungsangebote und findet nicht gut ins Spiel. Müde Mädchen und Jungen haben außerdem eine deutlich geringere Emotionskontrolle und sind ständig damit beschäftigt, ihre Müdigkeit auszugleichen, etwa durch bewegungsintensive Spielaktivitäten oder herausfordernde Interaktionsimpulse wie Streiten, Schubsen, Beißen etc.

Imlau 2016). Ohne das enge Band zu einer emotional nahen Bezugsperson können sie sich nicht sicher sein, dass ihnen im Schlaf auch wirklich nichts passiert. Die Angst, in einem verwundbaren Zustand allein gelassen zu werden, ist evolutionär tief verankert. Für die Schlafentwicklung von Kleinkindern bedeutet das: Sie müssen aktiv lernen, ohne exklusive Nähe einer Bezugsperson zur Ruhe zu finden.

Da es im Kita-Alltag nicht immer möglich und sinnvoll ist, jedes einzelne Kind mithilfe körperlicher Nähe in den Schlaf zu wiegen, spielen auch hier Mikrotransitionen eine große Rolle. Innerhalb eines gut organisierten Ablaufs, der die Kinder auf die Mittagsruhe vorbereitet, können Fachkräfte kurze Momente intensiven und beziehungsvollen Kontakts herstellen. Wichtig ist, dass diese Handlungen von den Fachpersonen bewusst und im Beziehungskontakt mit dem Kind stattfinden, d. h. mit Blickkontakt, einem Lächeln auf den Lippen und einer direkten Ansprache. So kann sich ein Kind der Nähe einer vertrauten Bezugsperson sicher sein (Kramer/Gutknecht 2018).

Ungünstig organisierte Abläufe hingegen führen zu Stress und Hektik. Pädagogische Fachkräfte fertigen dann viele der kleinen Alltagshandlungen eher flüchtig ab, womöglich sogar abgelenkt, ohne verbale Begleitung und mit einem gehetzten Körperausdruck. Da hier von Beziehungspflege nicht die Rede sein kann, erhält das Kind auch nicht die notwendige Portion Sicherheit und Geborgenheit für die Mittagsruhe: Ein- und Durchschlafschwierigkeiten sind die Folge (Kramer/Gutknecht 2017b).

3. Stationen zum entspannten Ein- & Durchschlafen

Die Übergangsgestaltung zur Mittagsruhe profitiert enorm von einer guten Vorbereitung. Je kürzer der Laufweg für pädagogische Fachkräfte ist und je mehr ein Kind selbst tätig werden kann, desto ruhiger gestaltet sich der Ablauf. Damit die Schlafutensilien der Kinder stets griffbereit sind, sollten Fachkräfte die entsprechenden Vorbereitungen fest in den Tagesablauf einplanen und sie möglichst sogar vor dem Beginn der Mikrotransition abschließen.

Neben kurzen Wegen hat es sich auch bewährt, die Stationen beim Übergang zum Schlafen zu reduzieren und zu vereinfachen. Kann z. B. das Wickeln vor dem Mittagessen stattfinden, damit danach nur noch nach Bedarf gewickelt werden muss? Bietet es sich (unter Einhaltung der hygienischen Standards) an, das Händewaschen nach dem Mittagessen durch feuchte Baumwolltücher zu ersetzen, um das Hantieren am Waschbecken zu vermeiden (s. Kapitel VIII)? Kann das Zähneputzen auch nach der Mittagsruhe stattfinden? Je weniger in dieser Mikrotransition zu tun ist, desto leichter schlafen die Kinder am Ende des Übergangs ein.

Ankerplätze geben Halt

Wartezeiten lassen sich bei der Mikrotransition zur Mittagsruhe leider nicht völlig vermeiden. Allerdings können sie als Aktivität in den Ablauf eingeflochten werden. Dabei helfen vor allem sog. Ankerplätze, welche als Versammlungs-, Warte- und eingegrenzte Spielorte von den Kindern

Ankerplätze verhindern zähe Wartezeiten während des Übergangs

genutzt werden können. Ihre Besonderheit besteht darin, dass die Kinder immer wissen, wohin sie gehen und wo sie ihre Zeit verbringen können, wenn gerade keine andere Aktivität ansteht. Indem Fachkräfte *Ankerplätze* mit attraktiven und situationsgerechten Spielmaterialien ausstatten (Bücher, Puzzles, Steckspiele etc.), erleichtern sie den Mädchen und Jungen maßgeblich das Warten. Diese Plätze können aber auch Raum für gestaltete Aktivitäten bieten, wie Singen oder Vorlesen. Haben die Kleinkinder die Regeln des Ortes verinnerlicht und seine Funktion erfasst, kann dieser als Dreh- und Angelpunkt der ganzen Mikrotransition verwendet werden. Die Kinder gehen dann nach jeder Station an diesen Ort zurück: direkt nach dem Essen, während sie auf das Wickeln warten, nach dem Wickeln, während sie auf das Zubettgehen warten, etc. Allerdings sollte ein so zentraler Ankerplatz immer von einer Fachkraft begleitet werden. Dadurch kann der Dreh- und Angelpunkt gleichzeitig selbst als wichtige Station fungieren, an welcher die Kinder sich mit der Fachkraft für das Schlafengehen umziehen.

Dynamisches Zubettgehen

Der Übergang zur Mittagsruhe lässt sich besser organisieren, wenn die Gruppe geteilt wird. Da kleine Gruppen individueller betreut werden können, schlafen Kinder dann i.d.R. schneller ein. Das gemeinsame Schlafengehen in einer größeren Gruppe führt hingegen eher dazu, dass die unter Dreijährigen besonders viel Aufmerksamkeit einfordern, emotional außer sich geraten und nur schwer zu Ruhe kommen. Dadurch werden müde Kinder wach gehalten und es herrscht insgesamt keine entspannte Atmosphäre. Das **dynamische Zubettgehen** greift somit nicht nur biologische Schlafeigenheiten besser auf, es trägt auch dazu bei, den Ablauf des Zubettgehens insgesamt zu entstressen. Nicht zuletzt sind die pädagogischen Fachkräfte am Ende des großen Einschlafprozesses weniger erschöpft.

In vielen Fällen reicht es bereits, die Mädchen und Jungen in zwei Gruppen einzuteilen. Für einen reibungslosen Ablauf kann es hilfreich sein, wenn Fachkräfte die Einteilung nach folgenden Überlegungen vornehmen:

- müde Kinder zuerst, wache Kinder ganz am Schluss,
- Kinder, die selbstständig einschlafen können, getrennt von Kindern, die eine Einschlafhilfe benötigen,
- Kinder, die besondere Einschlafhilfen brauchen, ganz am Anfang oder am Ende.

Fotos: Harald Neumann

Haben sich die Kinder erst einmal daran gewöhnt, dass sich die Tür häufiger öffnet und schließt und es zwischendurch etwas lauter werden kann, schlafen sie darüber hinweg ein und auch durch. Dieser Gewöhnungsprozess dauert erfahrungsgemäß max. 14 Tage.

Magische Momente

Müde Kleinkinder sind wenig empfänglich für komplexe, sprachlich geregelte Anweisungen. Da mit den Sinnen erfassbare Veränderungen von ihnen schneller verarbeitet werden können, empfiehlt sich für Kita und Tagespflege der Einsatz sog. *magischer Momente* (Kramer/Gutknecht 2018) beim Übergang in den Mittagsschlaf. Dabei wird mithilfe von besonderen Lichteffekten und Klängen oder sogar Gerüchen die Raumatmosphäre verändert.

Geschlossene Rollläden und ein sanftes Licht in Form einer Salz- oder Lavalampe verändern die Stimmung im Raum und der jeweiligen Aktivität. Leise Musik, ein Öl zum Riechen, ein Streicheln mit der Feder – all das kann den Übergang in die Mittagsruhe unterstützen und leitet im besten Fall eine innere Regulation ein. Auch magische Tore und Figuren können eingesetzt werden (s. TIPP).

TIPP

Girlanden, Lieder, Kuscheltiere

Magische Tore und Figuren nehmen Kinder mit in eine Welt der Sicherheit und Entspannung. An der Tür befestigte und nur während des Schlafengehens eingesetzte Girlanden oder Vorhänge können eine magische Pforte bilden.
Der Schlafraum selbst empfängt das Kind z.B. mit leiser Musik und einem angenehmen Licht. Es duftet nach Vertrautheit, das Bett wartet schon mit aufgeschlagener Decke und vielleicht mit dem geliebten Kuscheltier auf dem Kissen. Magische Figuren können den ganzen Ablauf vom Essen oder von einer anderen Aktivität bis zum Einschlafen begleiten. Vielleicht empfängt aber auch eine Handpuppe als Zauberfee die Kinder erst an der Schlaftür, singt ein ruhiges Lied und begleitet dann jedes Kind in sein Bett. Oder ein Kuschelhund trottet langsam voran und macht es sich in seinem Körbchen im Ruheraum gemütlich, wo er über die schlafenden Kinder wacht.
Tragen die magischen Figuren regelmäßig wiederkehrende Lieder, Sprüche oder Geschichten vor, helfen sie gerade müden oder unruhigen Kindern, sich durch den gleichbleibenden Ablauf auf die bevorstehende Situation einzulassen. Häufig sind die magischen Figuren bei den Kindern außerdem sehr beliebt, da sie zu ihnen wie zu ihren Kuscheltieren eine echte Beziehung aufbauen (Doherty-Sneddon 2005).

Aber Vorsicht: Manche gut gemeinten Verfahren bewirken mitunter auch das Gegenteil. Öle auf der Haut können allergische Reaktionen auslösen, Musik kann eine ohnehin laute Situation noch anstrengender machen und auch Berührungen auf der Haut mag nicht jedes Kind. Kritische Punkte wie diese werden am besten vorab im Eingewöhnungsgespräch geklärt. Fachkräfte haben zudem grundsätzlich auch die Aufgabe, bei der Übergangsgestaltung genau auf die Reaktion des einzelnen Kindes zu achten.

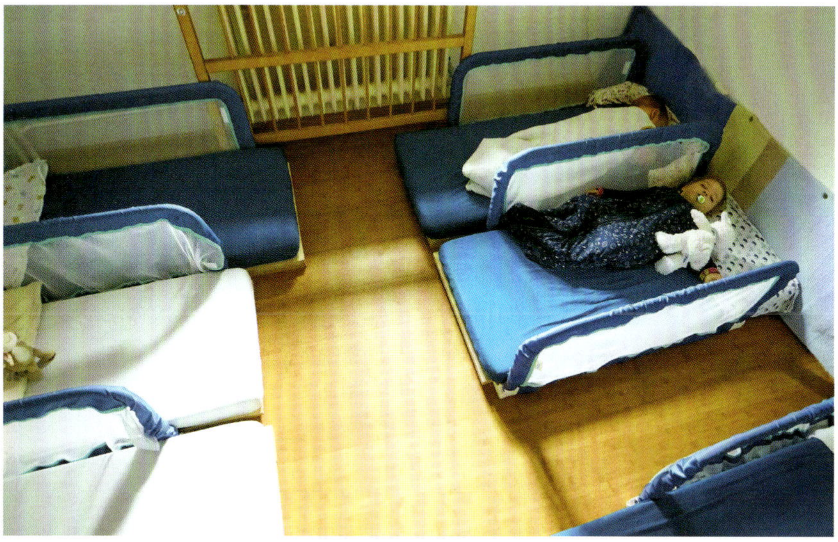

Legen sich nicht alle gleichzeitig schlafen, ist das für die Kinder entspannter

Den Schlafraum erkunden

Damit sich ein Kind im Ruheraum sicher und geborgen fühlt und auch ausreichend lange schlafen kann, müssen verschiedene Faktoren erfüllt sein. Diese betreffen zum einen die Schlafstätte selbst. Verschiedene Orte – vom Gitterbett über den Schlafkorb oder die Schlafhöhle bis hin zum Matratzenlager – helfen, die Erfahrungen und Vorlieben der Kinder aufzugreifen. Manchmal spielt aber auch die Platzierung des Bettes und die Blickrichtung eine Rolle. Hinweise dafür können schon im Eingewöhnungsgespräch mit den Eltern gesammelt werden.

Zum anderen entscheidet der Raum an sich darüber, ob die Jüngsten sich wohlfühlen. Manch ein Kind schläft womöglich besser im leeren Gruppenraum – selbst dann, wenn andere Mädchen und Jungen sich darin leise beschäftigen. In diesen

Fällen hatten die Kinder oft noch nicht ausreichend Gelegenheit, den Schlafraum zu erkunden. Sie haben sich noch nicht mit ihm vertraut gemacht. Auch kommt es vor, dass ein Kind den Raum mit negativen Erfahrungen verknüpft: Ist es dort vielleicht in den ersten Tagen der Eingewöhnung allein aufgewacht und musste lange auf seine Bezugsfachkraft warten?

Fehlen dem Kind positive Interaktionen im und Erfahrungen mit dem Schlafraum, kann es diesen im wachen Zustand und gemeinsam mit den pädagogischen Fachkräften neu entdecken. Gemeinsame Spielangebote, Raumdekoration mit Kinder- und Familienfotos oder gemalten Bildern tragen dazu bei, dass Kinder sich darin wohlfühlen. Oder wie wäre es, die Kuscheltiere jeden Morgen schlafen zu legen, damit sie ihre Besitzer dann zur Mittagsruhe empfangen? Auch die Beschäftigung mit Büchern oder vielleicht dort sogar mal toben zu dürfen, macht den Schlafraum zu einem Ort, zu welchem das Kind positive Gefühle entwickelt.

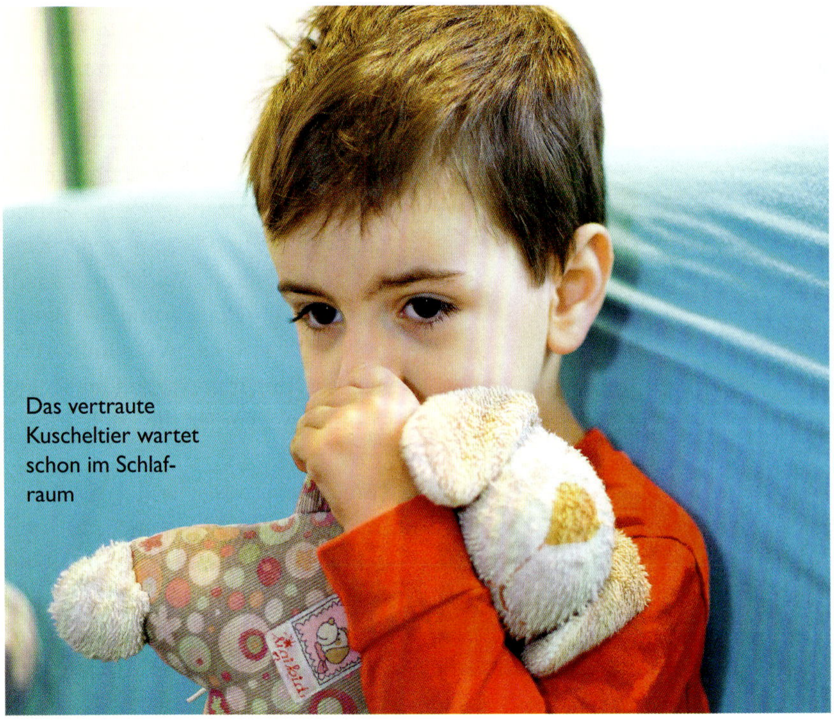

Das vertraute Kuscheltier wartet schon im Schlafraum

4. Draußen & unterwegs

Was in den skandinavischen Ländern selbstverständlich ist, wird hierzulande kaum als feste Alternative zum Schlafraum im Innenbereich eingesetzt: der Mittagschlaf an der frischen Luft. Dass Kleinkinder draußen tief und gut schlafen können, erleben viele Eltern oft nur, wenn sie den Mittagsschlaf gezielt mit einem Spaziergang kombinieren.

Schlaforte im Freien

In Skandinavien findet der Mittagsschlaf der Jüngsten bei Wind und Wetter und zu jeder Jahreszeit draußen statt (s. INFO). Verschiedene aktuelle Langzeitstudien zeigen auf, dass sich das sowohl positiv auf das Immunsystem der Kinder als auch auf die Schlafqualität und -dauer auswirkt (Tourula et al. 2010). Die Gesundheitswissenschaftlerin Marjo Tourula (2011) vermutet, dass die besondere Schlafweise im Freien dafür verantwortlich ist: Da das Kind im Winter i.d.R. in mehrere Kleidungsschichten und Schlafsäcke gehüllt ist, wird es in gewisser Weise gepuckt schlafen gelegt. Durch eine Mütze und z.B. das Vordach des Kinderwagens wird es zudem stark von Licht und Geräuschen isoliert.

In Deutschland haben sich bereits ähnliche Konzepte im Freien etabliert, z.B. in Waldkindergärten. Aber auch in Einrichtungen, in denen die Mittagsruhe bisher ganz regulär drinnen stattfand, kann sich ein Versuch lohnen. Das zeigen erfolgreiche Beispiele wie z.B. in der Pikler-Gruppe Gleiwitzer Straße in Mainz (Gründler 2017). Neben Kinderwagen oder witterungsfesten Betten eignen sich etwa Hängematten zwischen Bäumen als Schlafstätten, die im Sommer mit Moskitonetzen ergänzt und im Winter mit Isomatten, Fleecedecken und Schlafsäcken bestückt werden (s. Medientipps S. 47). Bei Regen können Planen gespannt werden. Ob mit festen Zelten oder Wurfzelten, auf Isomatten oder in Feldbetten – für das Schlafen im Freien lassen sich viele Ideen finden.

Übergang zum draußen Schlafen

Mia ist zwei Jahre alt und es seit jeher gewohnt, draußen zu schlafen. Die Kita verfügt über einen kleinen Balkon am Gruppenraum, auf dem ein Kinderwagen der Einrichtung steht. Dieser dient Mia als Schlafplatz. Durch den Schlafsack von zu Hause, mit seinem vertrauten Geruch und dem bekannten Gefühl am Körper, fühlt sie sich in der Mittagsruhe sehr wohl. Sobald die anderen Kinder zum Schlafengehen ausgezogen werden, wird Mia angezogen. Am Ankerplatz im Gruppenraum steht ihre Kiste mit der Schlafkleidung schon bereit: ein wollener Schlafoverall, ein Thermoschlafsack, Wollsocken, Mütze, Schal und Handschuhe – heute ist es sehr kalt draußen. Jacke, Schal und Mütze der pädagogischen Fachkraft liegen ebenfalls bereit. Mia weiß, dass sie erst dann an die Reihe kommt, wenn die meisten Kinder schon in den

Foto: Harald Neumann

Studien zeigen: Der Mittagschlaf im Freien wirkt sich positiv auf Immunsystem und Schlafqualität aus

Schlafraum gegangen sind. So lange schaut sie sich heute ein paar Bilderbücher an. Dann ist es soweit: Über eine kleine Leiter steigt sie mithilfe der Fachkraft in den Kinderwagen. Selbstständig legt sie sich hin, während die Fachkraft ihr noch ihr Lieblingslied vorsingt. Als das Mädchen eingeschlafen ist, geht die Fachkraft wieder hinein.

Das Beispiel von Mia zeigt: Kinder, die draußen schlafen, benötigen ebenfalls eine beziehungsvolle Begleitung bis zum Einschlafen. Daher bedarf es einer durchdachten Organisation, wann und von wem ein Kind zum Schlaf im Freien vorbereitet und begleitet werden kann. Sehr junge Kinder, die schon früher müde werden, können z.B. während einer Aktivität in den Garten oder beim Spaziergang mitgenommen werden, sodass sie in dieser Zeit ihr Schläfchen machen können. Besonders im Winter sollten Fachkräfte auf jeden Fall darauf achten, den Ablauf vom Anziehen bis in den Kinderwagen sinnvoll zu takten. Da dem Kind in den vielen Schichten schnell warm wird, müssen Verzögerungen unbedingt vermieden werden. Denn für drinnen wie für draußen gilt: Je reibungsloser die Mikrotransition verläuft, desto eher finden Kinder in einen wohltuenden Schlaf.

Literatur

Doherty-Sneddon, G.: Was will das Kind mir sagen? Die Körpersprache des Kindes verstehen lernen. Bern: Huber 2005

Kramer, M./Gutknecht, D.: Die Lebensaktivität Schlafen. Über Mikrotransitionen und Regulationshilfen in der Kita. In: TPS, 2-2017a, S. 16–19

Kramer, M./Gutknecht, D.: Schlafen in der Kinderkrippe. Achtsame und konkrete Gestaltungsmöglichkeiten. Freiburg: Herder 2018

INFO

Vorbild Skandinavien

Kleinkinder draußen schlafen zu legen, hat in Skandinavien eine lange Tradition. 1921 wurde das Schlafen im Freien erstmals als gesundheitliche Maßnahme vom finnischen Kinderarzt Arvo Ylppö empfohlen. Die daraus entstandenen Richtlinien, die der hohen Kindersterblichkeit entgegenwirken sollten, führten zu großem Erfolg (Ylppö 1921 in Tourula 2011) und entwickelten sich zur gesellschaftlich gängigen Praxis sowohl im privaten wie auch im institutionellen Bereich.

Die vollständige Literaturliste erhalten Sie auf www.kleinstkinder.de oder auf Anfrage bei der Redaktion.

IV. POSITIVE ÜBERGABESITUATIONEN

Abschied und Wiedersehen

Beim Wechsel zwischen Familie und Kita reagieren Kinder oft sehr emotional. Auch die Gefühle der Fachkräfte und Eltern spielen in die Situation hinein. Wie kann das Team die Jüngsten stärken und die Eltern gut begleiten?

von Dorothee Gutknecht

Foto: Harald Neumann

1. Im emotionalen Dreieck

Wenn Eltern morgens ihre Kinder in Kita oder Tagespflege bringen und nachmittags wieder abholen, stehen die Themen Trennung und Wiedervereinigung im Fokus. Beide Situationen können darum von starken Gefühlen geprägt sein. Das gilt besonders für die Zeit der Eingewöhnung, weshalb dieser zentrale Wendepunkt im Leben des Kleinkindes als Makrotransition bezeichnet wird. Doch auch wenn Kinder eingewöhnt sind, bleiben die Übergaben am Morgen und Nachmittag als täglich herausfordernde, kleine Übergänge, also Mikrotransitionen. Je nach Tagesverfassung des Kindes und der Erwachsenen, der Situation in der Familie und in der Kita können hier Irritationen in der emotionalen Gesamtlage auftreten.Fachkräfte erleben dabei häufig eine tiefgehende Ambivalenz in den Reaktionen der Jüngsten: So kommt es bspw. vor, dass ein Kind am Morgen mit Tränen seinen Trennungsschmerz anzeigt, aber auch auf das nachmittägliche Abholen mit Weinen, Schreien oder Wut reagiert. Hier kann es zu sehr belastenden Situationen kommen, die eine hohe Professionalität verlangen. Dabei ist es wichtig zu sehen, dass die Trias aus Kind, primärer und sekundärer Bezugsperson das Ankommen und Verabschieden bestimmt (s. INFO). Alle drei sind darum in ihrer emotionalen Lage in den Blick zu nehmen.

INFO

Emotionale Trias im geteilten Betreuungsfeld

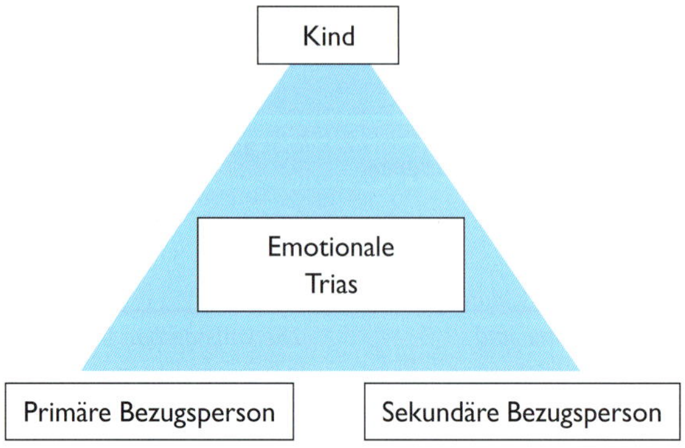

Quelle: D. Gutknecht

Emotionssituation des Kindes

Wenn Kleinkinder morgens in der Einrichtung ankommen, beeinflusst ihre grundsätzliche Gestimmtheit den Übergang. Ist es morgens hektisch in der Familie zugegangen?

Gab es Streit? Freut sich das Kind auf die anderen Mädchen und Jungen oder auf Spielerfahrungen? Ist das Kind erkältet und kann sich infolgedessen nur schwer von der primären Bezugsperson, i.d.R. Mutter oder Vater, lösen? Oder werden vielleicht überwunden geglaubte Ängste reaktualisiert, weil z.B. die Geburt eines Geschwisterkindes die Familiensituation geändert hat?

Emotionssituation von Mutter und Vater

Wie gut die primäre Bezugsperson mit der Trennungssituation am Morgen zurechtkommt, beeinflusst den Loslösungsprozess der Mädchen und Jungen ebenfalls. Selbst wenn ein Kind bereits gut in die Kita-Gruppe integriert ist, können seelische Prozesse der Eltern die Mikrotransition negativ beeinflussen. Vielleicht wollte z.B. eine Mutter noch gar nicht in ihren Beruf zurückkehren, muss es aber nun aus finanziellen Gründen und hat deshalb Schuldgefühle. Auch die elterliche Sorge, die Liebe des Kindes an die Fachkraft zu verlieren, kann den Übergangsprozess erschweren. Wenn eigene traumatische Trennungserlebnisse aus der Vergangenheit jeden Morgen reaktualisiert werden, können diese den aktuellen Loslösungsprozess ebenfalls überschatten.

Pädagogische Fachkräfte haben hier die Aufgabe, die Eltern zu beruhigen und zum Loslassen ihres Kindes zu ermutigen. Wichtig ist, dass sie sich zu keinem Zeitpunkt als die besseren Bezugspersonen inszenieren oder die Mütter und Väter abwerten. Sätze wie „Das einzige Problem, das dieses Kind hat, ist seine Mutter" haben darum in Kita oder Kindertagespflege nichts verloren. Stattdessen können Mitgefühl und wertschätzende Worte der Fachkraft zur angemessenen Auflösung einer problematischen Situation beitragen: „Ja, da kann nur die Mama helfen."

Emotionssituation der pädagogischen Fachkraft

Oft wird bei der Begleitung der Trennungs- und Wiedervereinigungssituationen die Gefühlslage der Fachkräfte nicht ausreichend in den Blick genommen. Wie sieht bspw. ihre emotionale Antwort auf das bittere Weinen von Kindern am Morgen aus? Auf lautes Protestgeschrei? Auf Kinder, die sich apathisch ausziehen lassen, die quengeln, die sich abwenden?

Diese täglich herausfordernde Erfahrung kann dazu führen, die Kleinkindbetreuung für sich abzulehnen und auch Eltern kritisch zu begegnen, die sich entschieden haben, ihr unter dreijähriges Kind außerfamiliär betreuen zu lassen. Auch bei Fachkräften können außerdem eigene Trennungsängste reaktiviert werden und das professionelle Handeln beeinflussen.

Der Umgang der Fachkraft mit eigenen Gefühlen ist besonders relevant für die Begleitung der Mikrotransition. Denn Empathie allein reicht nicht immer aus, um die Kinder bei diesen täglichen Übergängen responsiv zu begleiten. Im Gegenteil: Sie kann sogar dazu führen, dass sich Fachkräfte zurückziehen (s. INFO). Vor dem dargestellten Hintergrund sind sowohl die Mikrotransition der Bring- als auch der Abholsituation sorgfältig zu planen und zu gestalten (Gutknecht/Kramer 2018).

2. Beim Ankommen unterstützen

Arbeit mit Übergangsobjekten

Die Theorie zur großen Bedeutung von Übergangsobjekten wie Kuscheltieren etc. geht auf den Kinderarzt und Psychoanalytiker Donald Woods Winnicott zurück. Das Kind überträgt demnach seine inneren Bedürfnisse, Wünsche und Ängste auf das Übergangsobjekt, um die Trennung von den primären Bezugspersonen zu überbrücken (Fooken 2012).

INFO

Empathie vs. Mitgefühl

Aktuelle Untersuchungen aus den sozialen Neurowissenschaften zeigen, dass wahrgenommenes Leid sog. empathischen Stress auslösen kann (Singer/Bolz 2013). Damit ist eine abwehrende Reaktion auf das Leiden anderer gemeint. Um sich vor belastenden Gefühlen zu schützen, besteht dann der Wunsch, sich der als negativ bewerteten hochemotionalen Situation zu entziehen. Der Begriff *Empathie* wird darum in den sozialen Neurowissenschaften (Singer/Bolz 2013) kritisch verwendet. Erst das Empfinden von Mitgefühl sei von der Motivation zur Hilfe begleitet. Tania Singer und Matthias Bolz (2013) konnten in ihren neurowissenschaftlichen Studien nachweisen, dass Mitgefühl durch Achtsamkeitsübungen systematisch aufgebaut werden kann. Insbesondere in der Pikler-Pädagogik wurden die Risiken institutioneller Betreuung sehr früh erkannt. Übungen zur Selbstwahrnehmung sind dort im Ausbildungscurriculum fest verankert. Die Schulung der pädagogischen Fachkraft in diesem Bereich wird als Basis für eine achtsam gestaltete Fachkraft-Kind-Beziehung betrachtet (Gutknecht/Bader 2018).

Beim Umgang mit dem Kuscheltier gibt es allerdings nicht selten (tägliche) Konflikte:

- Das Kuscheltier soll im Kindergarten bleiben, das Kind weint bitterlich: „Da ist es doch ganz allein." Es besteht darauf, es mit nach Hause zu nehmen.
- Das Kuscheltier wird jeden Tag mitgebracht. Es gibt Dramen in der Kita, wenn es vergessen wurde.
- Es wird mit mehreren identischen Kuscheltieren gearbeitet, um die Stimmungslage zu beruhigen.

Die heftige Reaktion mancher Kinder auf den Umgang mit ihrem Übergangsobjekt kann im Team Gereiztheit auslösen und damit auch grenzverletzendes Verhalten begünstigen. Ein achtsamkeitsbasiertes Kinderschutzkonzept und ein möglichst großzügiger Umgang mit Übergangsobjekten stellen sicher, dass das Kindeswohl auch in stressigen Situationen im Zentrum steht.

Kinder als Zeitreisende verstehen

Fachkräfte und Familien können Kindern Brücken bauen, indem sie an das Vergangene anknüpfen und Zukünftiges ankündigen. Den Jüngsten fällt es oft leichter, in der Einrichtung anzukommen, wenn die Abläufe vorhersehbar gestaltet und beim Übergang kommuniziert werden. Es bietet sich z.B. an, bei der Verabschiedung auf den nächsten Tag zu verweisen: „Morgen kommst du wieder! Dann spielen wir wieder am Sandtisch." Auch die Eltern können ihre Kinder auf dem Weg zur Kita vorbereiten: „Bestimmt wartet Frau Müller schon auf uns" oder „Ich bin gespannt, was es gleich zum Frühstück gibt".
Auch sog. Memory-Gesprächen kommt bei der Übergangsgestaltung eine große Bedeutung zu: „Weißt du noch, gestern hast du am Sandtisch gespielt, wollen wir da wieder hingehen?" So können Kinder über ihre Erinnerungen bereits beim Ankommen an den Kita-Alltag anknüpfen.

Skriptsensibel begrüßen & verabschieden

Beim Begrüßen und Verabschieden lohnt es sich, die Handlungsabläufe genau unter die Lupe zu nehmen. Da das Kind das Skript dieser Übergänge mental abspeichert, sollten sie jeden Tag ähnlich ablaufen und die Alltagsroutine klare, gut erinnerbare Ankerpunkte aufweisen. Das gelingt, indem Fachkräfte Kleinkinder z.B. jeden Tag in ähnlicher Weise willkommen heißen, ihre Kuscheltiere begrüßen und zum Abschied den Eltern gemeinsam winken. Transitionslieder mit einem mittleren Spannungsniveau (z.B. das bekannte Lied „Die Räder vom Bus") können den Jüngsten u.U. das Ankommen in der Kita zusätzlich erleichtern.

Beziehung schafft Vertrauen

Damit sich Mädchen und Jungen beim Ankommen orientieren können, spielt die Bezugsfachkraft eine große Rolle. Fällt sie aus, sollte sich die Vertretung sofort als solche vorstellen: „Heute bin ich für dich da. Susanne ist leider krank geworden." Nach der Eingewöhnungsphase

ÜBERSICHT

Antwortregister beim Trösten

Handlung der pädagogischen Fachkraft	Antwortregister zur Regulation
Aktiv den Blick des Kindes suchen	Blickkontakt
Eine Situationsbeschreibung in einfachen Worten geben, das Geschehen benennen	Sprache
Sanft tönend sprechen Bestimmt und zuversichtlich oder mit Wärme sprechen	Stimmklang
Ein Trostlied singen	Musikalische Kommunikation Spannungsabbau durch fallende Melodieführung
Das Kind auf den Arm nehmen	Prinzip der Begrenzung über die umfassende Berührung Taktile Wahrnehmung Tiefenwahrnehmung Wärme und Nähe
Wippende Bewegungen mit dem Kind auf dem Arm ausführen Das Kind wiegen	Prinzip der Begrenzung über die umfassende Berührung Taktile Wahrnehmung Tiefensinn Gleichgewichts-Stimulation zur Spannungsregulation Wärme und Nähe

Quelle: Gutknecht 2015b, S. 62

Oft kein leichter Moment: der Abschied von der Bezugsfachkraft

empfiehlt es sich außerdem, Kinder in ihrer Beziehung zu anderen Fachkräften zu stärken. So stellt das Team sicher, dass die täglichen Übergaben möglichst unproblematisch verlaufen und sich das Kind auch bei einem Personalausfall trösten lässt (s. ÜBERSICHT).

Genauso wichtig wie das Willkommenheißen der Fachkraft ist der klare Abschied der primären Bezugsperson, denn er stärkt das Vertrauen des Kindes. Ziehen Eltern hingegen den Abschied in die Länge oder schleichen sich heimlich davon, führt das zum Vertrauensverlust und erschwert dem Kind den Beziehungsaufbau zu den Fachkräften. Erwachsene werden als nicht vertrauenswürdig wahrgenommen.

3. Beim Abholen unterstützen

Eltern gehen oftmals davon aus, dass es sich bei der Verabschiedung von der Einrichtung um eine unproblematische Situation handelt, da sich die Kinder auf sie und zu Hause freuen (Gutknecht/Kramer 2018). In der Praxis verläuft das Abholen jedoch häufig nicht reibungslos. Denn manche Mädchen und Jungen erleben den Abschied von ihrer Kita oder Tagespflege wie eine erneute Trennung: vom Spiel, von den anderen Kindern, vom Raum. Andere realisieren jetzt, dass sie die ganze Zeit ohne Eltern verbracht haben und zeigen Zeichen der Empörung oder lassen ihrem Kummer freien Lauf.

Das Repertoire an Antworten, mit denen Fachkräfte reagieren können, entspricht in vielen Punkten denen der Ankommenssituation.

Insbesondere sollte der Abholprozess in allen Schritten vorbereitet und angekündigt werden. Visualisierungsstrategien (s. PRAXISTIPP) und Sätze wie „Gleich kommt die Mama und holt dich ab“ oder „Du kannst die Autos schon in die Garage fahren“ helfen den Kindern, sich auf den Abschied vorzubereiten. Zusätzlich sollten in Elterngesprächen die Reaktionen der Mädchen und Jungen besprochen werden.

PRAXISTIPP

Abschiedssanduhr

Eine Sanduhr zeigt an, dass das Kind noch drei Minuten spielen darf, nachdem Mutter oder Vater eingetroffen sind. Ist der Sand durchgelaufen, fragt die Fachkraft, ob es allein oder in Begleitung zur Abholperson gehen möchte.

Literatur

Fooken, I.: Puppen – heimliche Menschenflüsterer: Ihre Wiederentdeckung als Spielzeug und Kulturgut. Göttingen: Vandenhoeck & Ruprecht 2012

Gutknecht, D.: Bildung in der Kinderkrippe. Wege zur Professionellen Responsivität. Stuttgart: Kohlhammer 2015a

Gutknecht, D.: Wenn kleine Kinder beißen. Achtsame und konkrete Handlungsmöglichkeiten. Bd. I der Reihe Entwicklungs- und Bildungsort Kita. Freiburg: Herder 2015b

Die vollständige Literaturliste erhalten Sie auf www.kleinstkinder.de oder auf Anfrage bei der Redaktion.

Foto: Harald Neumann

V. VON DRINNEN NACH DRAUSSEN NACH DRINNEN

Schuhe an, Schuhe aus

Die Garderobensituation macht oft den Unterschied zwischen einem stressigen und entspannten Tag. Eine Beschäftigung mit dem Ort, an dem sich Kinder umziehen, lohnt darum in vielfacher Hinsicht.

von Kira Daldrop

1. Stolpersteine in der Garderobe

Hektik, Konflikte und eine hohe Lautstärke prägen nicht selten die An- und Ausziehprozesse in der Kita-Garderobe. Für alle Beteiligten ist das eine große Belastung und hinterlässt ein ungutes, angespanntes Gefühl. Wird diese Stressroutine zum Dauerzustand, verknüpfen sowohl die Kinder als auch die pädagogischen Fachkräfte perspektivisch immer häufiger negative Gefühle mit Aktionen, die in der Garderobe stattfinden. Statt eine responsive und ruhige Begleitung, in der sich die Jüngsten auf den Ortswechsel einstellen können, entwickelt sich der „Augen-zu-und-durch-Modus" mehr und mehr zur Normalität.

Diese schwierige Situation kennen viele Kita-Teams. Was genau zu Hektik, Chaos und Lärm in der Garderobe führt und welche Veränderungen die Fachkräfte vornehmen können, lässt sich erst bei genauer Analyse und mit möglichst viel Wissen über diese wichtige Alltagssituation beantworten. Die Responsivität der pädagogischen Fachkraft nimmt dabei eine Schlüsselrolle ein (Gutknecht 2015). Die zentrale Frage lautet somit: Wie gestalten Fachkräfte ihr Antwortverhalten in der Mikrotransition „An- und Ausziehen" in Bezug auf das einzelne Kind und die Kindergruppe?

Herausforderungen beim An- & Ausziehen

Dass Garderobensituationen schnell unübersichtlich werden, ist nicht verwunderlich: Beim An- und Ausziehen passieren viele verschiedene Aktivitäten zur selben Zeit. Außerdem sind daran meistens eine größere oder sogar die gesamte Kindergruppe sowie die pädagogischen Fachkräfte beteiligt.

Auch die jeweilige Jahreszeit kann zum Chaos beitragen: Verläuft der Wechsel von drinnen nach draußen und zurück im Sommer meist reibungsloser, kämpfen Kinder und Fachkräfte im Herbst z.B. mit engen Gummistiefeln und im Winter müssen Handschuhe, Schals und Mützen koordiniert werden. Zusätzlich beeinflussen die Gruppenzusammensetzung und der Entwicklungsstand der unter Dreijährigen die Situation. Wenn in der Gruppe gerade ein Wechsel stattgefunden hat, wenn Kinder gegangen sind oder vor Kurzem erst eingewöhnt wurden, kommt es nicht zuletzt in der Garderobe zu veränderten Gruppenkonstellationen und Anforderungen. Aber auch räumliche Parameter wie zu schmale Garderobenräume oder zu eng getaktete Abläufe und Personalmangel können zu Stolpersteinen werden.

Das einzelne Kind & die Gruppe begleiten

Steht der Übergang nach draußen oder drinnen an, begleitet eine pädagogische Fachkraft i.d.R. mehrere Kinder. Gleichzeitig benötigt aber jedes einzelne Unterstützung, um den Übergang und vor allem die eigentliche Aktivität des An- oder Ausziehens meistern zu können (Daldrop 2016). Ein Blick auf das

Fotos: Harald Neumann

Spannungsfeld zwischen individueller Begleitung und der Begleitung der Kindergruppe kann darum hilfreich sein. Die professionelle Responsivität einer pädagogischen Fachkraft zeigt sich nicht nur darin, wie gut es ihr gelingt, ein einzelnes Kind mit seinen individuellen Bedürfnissen wahrzunehmen und zu begleiten. Auch die Abstimmung und ihr Antwortverhalten in Hinblick auf die Gruppe entscheidet darüber, wie der Übergang rund um die Garderobe gelingt (Gutknecht 2015). So führt der Überblick, die Organisation und die Fähigkeit, die Kinder kontinuierlich zu führen und über Signale zu motivieren, sie sinnvoll zu beschäftigen und den Gruppenfokus aufrechtzuerhalten (s. INFO), zu einem Effekt, den der renommierte Bildungsforscher Rainer Dollase die „psychologische Verkleinerung der Gruppe" nennt (Dollase 2015). Denn gelingt diese responsive Begleitung der Kindergruppe, entsteht dabei für alle das Gefühl, die Gruppe sei kleiner, als sie tatsächlich ist. Damit geht bspw. einher, dass die pädagogische Fachkraft von den anwesenden Kindern als Ansprechpartner und Bezugsperson wahrgenommen wird.

Das Drehbuch zur Garderobe

Ein kleiner Übergang im Tagesverlauf – bei Personalwechsel, von einer Situation zur nächsten oder von einem Raum zum anderen – ist für Kleinkinder zunächst ein Unsicherheitsfaktor. Anders als Erwachsene müssen sie erst lernen, eine Situation zu überblicken und die nötigen Handlungsschritte nacheinander sinnvoll zu bewältigen. Und während des Übergangs von drinnen nach draußen und zurück sind das einige! Vom Weg zur Garderobe über die Reihenfolge beim Anziehen der benötigten Kleidungsstücke bis zum Toilettengang gibt es für pädagogische Fachkräfte und Kinder viel zu bedenken.

Mütze, Schal & Co.: Im Winter ist der Gang nach draußen mit viel Aufwand verbunden

INFO

Responsive Gruppenbegleitung

- **Regulation:** Um eine Kindergruppe regulieren zu können, braucht die pädagogische Fachkraft Handlungsmöglichkeiten. Richtig eingesetzt unterstützen ihre Stimme, ihre Mimik, die Körperhaltung, aber auch der bewusste Einsatz von Liedern und Musik die Regulation (Gutknecht/Kramer 2018).
- **Überblick:** Studienergebnisse konnten zeigen, dass die Fähigkeit, den Überblick zu behalten, zu weniger Konflikten und mehr Mitarbeit der Kinder führt (Dollase 2015). Dafür muss die pädagogische Fachkraft über möglichst viele Vorgänge Bescheid wissen, also z. B. auch die Folgeaktivitäten im Blick haben.
- **Organisation:** Bei einer gelungenen Organisation kann die Fachkraft mehrere Abläufe und Prozesse gleichzeitig steuern sowie eine reibungslose, logische Abfolge für die Kinder gewährleisten. Dabei sind Sprunghaftigkeit, Interaktionsabbrüche und andere Störungen zu vermeiden (Dollase 2015).
- **Gruppenfokus:** Um den Gruppenfokus aufrechtzuerhalten, müssen möglichst viele Kinder bedürfnisgerecht und der Situation angemessen beschäftigt sein, z. B. durch selbstständig auszuführende Handlungsschritte, durch Material oder durch die pädagogische Fachkraft. Dabei wird auch von der sog. Signalkontinuität gesprochen (Dollase 2015).

Damit der Gruppenfokus beim An- bzw. Ausziehen aufrechterhalten werden kann, brauchen die Kinder die Möglichkeit, so eigenständig wie möglich in der Garderobe zu agieren. Die sinnvolle Beschäftigung in dieser Mikrotransition entspricht dadurch zugleich der Förderung von Selbstständigkeit: Indem die Fachkräfte die Kinder darin bestärken und mit ihnen üben, selbst ihren Garderobenplatz zu finden, ihre Hausschuhe allein auszuziehen, ihre Jacke, Handschuhe, Sonnenhut usw. zu erreichen, schaffen sie zweierlei. Zum einen erleben die Kinder Selbstwirksamkeit, zum anderen können sie kurze Wartezeiten sinnvoll überbrücken, bis die pädagogische Fachkraft ihnen assistieren kann. Zusätzlich kann eine Lese- und Spielecke dafür sorgen, dass schnelle Kinder die Wartezeit nicht als solche empfinden.

TIPP

Mit Videografie den Blick schärfen

Videoaufnahmen bringen oft überraschende Erkenntnisse bzgl. der Interaktion zwischen Fachkraft und Kind zutage. Werden eine oder zwei Kameras in der Garderobe aufgestellt, können Fachkräfte z. B. den Übergang nach draußen später in Ruhe betrachten und gemeinsam auswerten. Natürlich ist dafür eine Einverständniserklärung der Sorgeberechtigten erforderlich.

Folgende Fragen schärfen den Blick für wichtige Details:

- **Kind:** Wohin schaut das Kind, wohin läuft es, was nimmt es wahr?
- **Kindergruppe:** Wie ist die Stimmung? Wer interagiert mit wem? Was tun die Kinder?
- **Fachkraft:** Wie ist meine Ansprache? Wo und wie sitze ich? Wie viele Kinder wenden sich mir gleichzeitig zu? Was fällt mir besonders auf?

Erst nach und nach, wenn die Kinder die Garderobensituation viele Male durchlebt haben, wissen sie, was als Nächstes passiert. Sie bauen ein Skript zur Situation An- und Ausziehen auf. Dazu gehört, dass sie lernen, wie die Situation typischerweise eingeleitet wird, wohin sie gehen müssen, welche Handlungsschritte oder Aktivitäten auszuführen sind (Gutknecht/Kramer 2018). Haben die Kinder verinnerlicht, wie die Garderobensituation in ihrer Kita abläuft, können sie immer selbstständiger agieren. Vielleicht beginnen sie damit, beim Übergang nach drinnen selbstständig ihre Mütze auszuziehen, ihre Jacke aufzuhängen oder die Schuhe in ihr Fach zu räumen.

Läuft die Situation jedoch jeden Tag anders ab oder sind die Handlungsschritte für die Kinder nicht nachvollziehbar, haben sie Schwierigkeiten im Skriptaufbau: Die Mädchen und Jungen wissen nicht, was zu tun ist, beginnen zu rennen, beschäftigen sich mit etwas völlig anderem, weinen, suchen intensiv die Nähe ihrer Bezugsperson oder sie verharren passiv in der Situation. Das erhöht nicht nur die Belastung für die Kinder, sondern auch für die pädagogischen Fachkräfte.

Unangemessene Erwartungen an unter Dreijährige, schnelles Abarbeiten der Situation, kurze Sätze und Anweisungen sowie ein rauer Ton sind dann häufig Ausdruck eines hohen Stresslevels.

Als nach einer verregneten Woche endlich ein paar Sonnenstrahlen zu sehen sind, beschließen die Fachkräfte der Kinderkrippe Mäusenest, spontan mit allen Kindern rauszugehen. In der Garderobe herrscht darum ein wildes Chaos aus Vorfreude und Hektik. Auch Lia ist ganz aufgeregt und zappelt wild, als die Fachkraft ihr die Schuhe anziehen will. Nach ein paar vergeblichen Versuchen verliert die Erzieherin die Geduld und raunzt das Mädchen an: „Meine Güte, halt endlich still!" Daraufhin erstarrt Lia und weigert sich, mit den anderen nach draußen zu gehen.

Teil des Rituals: Hier ist der Platz für meine Schuhe

Fotos: Harald Neumann

Zu dritt statt alle auf einmal: Stressreduktion durch Gruppierung

Um aus solch einer Negativspirale herauszukommen und die Kinder responsiv begleiten zu können, braucht es eine genaue Planung, Umsetzung und Reflexion im Team. Dafür kann auch der Einsatz von Videografie sehr sinnvoll sein (s. TIPP).

2. Von drinnen nach draußen

Wenn kleine Gruppen nacheinander in die Garderobe gehen, reduziert das den Stress deutlich. Fachkräfte sollten darum das sog. *Gruppieren* (Gutknecht/Kramer 2018) als wichtigstes Prinzip dieses kleinen Übergangs verinnerlichen. Es empfiehlt sich, z.B. immer nur zwei bis drei Kinder in einem fließenden Übergang vom Gruppenraum über die Garderobe in das Außengelände zu begleiten.
Stationen und Ankerpunkte tragen zu einer harmonischen Mikrotransition genauso bei wie vorher festgelegte Kleingruppen, die von einer pädagogischen Fachkraft durch den gesamten Übergang begleitet werden. Die pädagogische Fachkraft kann dabei sowohl in der sprachlichen Interaktion als auch in ihrem Handling eine responsive Assistenz leisten (Gutknecht/Kramer 2018; Daldrop 2016).

Den Übergang ankündigen

Bereits die Ankündigung einer Mikrotransition ist für die Kinder bedeutungsvoll und kann sich auf die Situation auswirken. Für manche Kinder ist die Ankündigung der Draußenzeit oder gar eines Ausflugs so reizvoll, dass sie am liebsten alles stehen und liegen lassen wollen. Müssen sie dann noch einige Minuten warten, kann das zu großer Frustration führen und birgt Konfliktpotenzial. Eine lautstarke Ankündigung sollten Fachkräfte daher immer sorgfältig abwägen. Die Jüngsten nach und nach zu informieren und abzuholen, ist manchmal die bessere Alternative. Auf der anderen Seite gibt es aber auch immer wieder Kinder, denen es schwerfällt, einem durch die Fachkraft initiierten Übergang zu folgen. Im Kita-Alltag ergeben sich Übergangsgestaltungen am häufigsten aus einer Gruppensituation (Morgenkreis, gemeinsames Frühstück etc.) oder einer Spielphase heraus. Das spannende Spiel oder das interessante Buch abbrechen zu müssen, scheint nicht sehr verlockend. Auch hier ist ein flexibler Umgang von Vorteil. In jedem Fall sollten Fachkräfte mit den einzelnen Kindern immer klar kommunizieren, z.B.: „Lisa, du kannst noch dein Puzzle fertig machen. Danach gehen wir gemeinsam in die Garderobe zum Anziehen" (Gutknecht/Kramer 2018).

Draußen ankommen

Neben der Ankündigung des kleinen Übergangs sollten Fachkräfte darauf achten, die Kinder auf die Situation nach dem Anziehen, also das konkrete Hinausgehen, vorzubereiten. Gibt es Treffpunkte, die die Kinder kennen? Welche Situation finden sie im Garten vor? Wer empfängt sie im Garten und übernimmt die Aufsichtspflicht? Und wie gelingt das Ankommen der Gruppe möglichst reibungslos?

Lange Wartezeiten müssen besonders im Winter vermieden werden. Sie führen zu großer Frustration bei den Kindern, da sie von ihnen nicht überblickt werden können: Schon wenige Minuten können sich dadurch endlos anfühlen. Das führt oft zu Konflikten und negativen Emotionen, die pädagogische Fachkräfte dann im Sinne der **Ko-Regulation** auffangen müssen.

Gehen Kinder nach draußen, gilt es schließlich auch die räumlichen Gegebenheiten zu beachten: Nicht selten müssen sie lange Wege oder Treppen passieren. Ist ein fließender Übergang, bei dem die angekleideten Kinder ohne weitere Wartezeit selbstständig nach draußen gelangen, nicht ohne Weiteres möglich, bietet sich die Arbeit mit **Ankerplätzen** (s. Kapitel III) oder Haltestellen an (Gutknecht/Kramer 2018). Wird das Außengelände sowohl von Kita-Kindern als auch Krippenkindern genutzt, sollten Fachkräfte das ebenfalls bei der Gestaltung der Mikrotransition bedenken. Reflexionsfragen können helfen, die Perspektive der Jüngsten einzunehmen:

- Zu welcher Zeit kommen die Krippenkinder normalerweise im Garten an?
- Wer spielt dann bereits im Garten?
- Gibt es eine Ansprechperson? Wenn ja, wo hält sie sich auf? Wissen die Kinder davon?
- Wo spielen die Krippenkinder bevorzugt? Welche Wege müssen sie bis dorthin zurücklegen?
- Gibt es Gefahrenstellen für die Jüngsten oder unübersichtliche Plätze der älteren Kinder? Wo verlaufen bspw. Rennstrecken für Fahrzeuge? Wo steht die Schaukel? Wo wird Fußball gespielt?

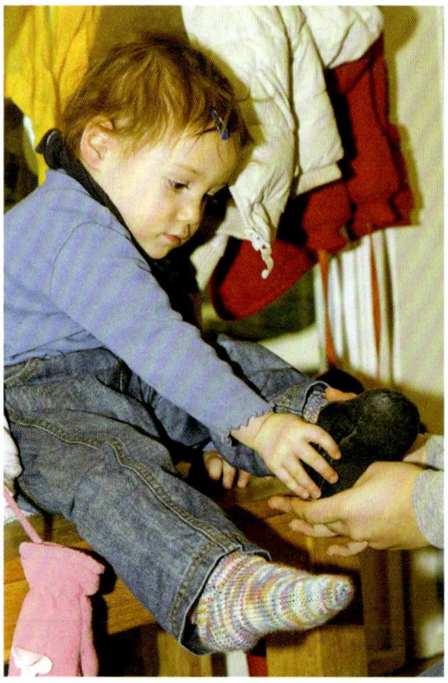

Kinder, die in der Garderobe schon eigenständig agieren können, erleben sich als selbstwirksam

3. Von draußen nach drinnen

Die Draußenzeit am Vormittag findet i. d. R. als geplante Aktivität statt, an die sich weitere Aktivitäten wie das Wickeln, das Mittagessen usw. anschließen. Damit Kinder zu ihrer gewohnten Zeit essen und schlafen können und auch Pausenzeiten eingehalten werden, ist der pädagogische Alltag oft genau getaktet und strukturiert. Da pädagogische Fachkräfte die nachfolgende Aktivität vorab aber oft mehrfach kommunizieren, um die Kinder vermeintlich zu motivieren oder zur Eile anzuregen, können die Jüngsten die aktuelle Aktivität (An-/Ausziehen) leicht aus dem Fokus verlieren. Ausreichend Zeit und Ruhe beim Übergang sollten darum stets oberste Priorität haben.

Pädagogische Fachkräfte stehen also vor der Herausforderung, Kinder bei der täglichen Routine ohne Hektik oder Zwang zu begleiten. Das gelingt nur mit einer reflektierten und achtsamen Übergangsgestaltung, die den Kindern einen gut geplanten und vorhersehbaren Ablauf garantiert. Gutknecht und Kramer (2018) weisen darauf hin, dass ein flexibler Umgang mit Skripten für viele Kinder schwierig ist und insbesondere Kontinuität zu ihrem Wohlbefinden beiträgt. Wenn unter Dreijährige nach dem Spielen erschöpft und müde sind, wenn sie Hunger haben oder darüber traurig sind, dass sie ihr Spiel beenden müssen, brauchen sie eine achtsame Begleitung. In emotionalen Situationen wie diesen stellen die vielen Teilschritte beim Übergang von draußen nach drinnen häufig eine Überforderung dar: Der Weg ins Haus, das Aus- und ggf. Umziehen, das Wickeln und Händewaschen sowie der Übergang zum Mittagessen mit evtl. Wartezeiten sind dann ganz schön viel auf einmal. Werden feste Abläufe im Sinne eines Skripts auch für all diese Situationen etabliert, hilft das erschöpften Kindern, den Alltag gut zu meistern.

4. Potenziale beim Übergang nutzen

Trotz aller Herausforderungen für Kinder und Fachkräfte birgt das tägliche An- und Ausziehen großes Potenzial. Zum einen kann die wichtige Mikrotransition sprachintensiv genutzt werden, zum anderen bauen die Kinder durch selbige jeden Tag sog. **Selbstpflegekompetenzen** (Orem 1997) auf. Sie erhalten durch das *responsive Handling* (Daldrop et al. 2018) der pädagogischen Fachkräfte vielfältige Bewegungsanregungen und können diese Zeit als Beziehungs- und Bildungsaktivität erleben.

Damit das gelingt, braucht es Fachkräfte, die sich dieses Potenzials bewusst sind und sich Zeit nehmen, die Übergänge von drinnen nach draußen und zurück zu besprechen und zu planen. Dabei kommt ihnen die Aufgabe zu, Unsicherheitsfaktoren aufzudecken und wo nötig Unterstützung zu suchen – sei es in

Fotos: Harald Neumann

Vor dem Ausflug planen: Wohin mit den Jacken, wenn es warm wird?

PRAXISTIPP

Das Handschuh-Fingerspiel

Die Hand soll eine Faust nun sein,
(Faust ballen)
schlüpft dann schnell ins Haus hinein.
(Faust in den Handschuh stecken)
Nun streckt der erste Finger sich,
dann reckt der zweite Finger sich,
jetzt kommt der dritte Finger dran.
Der vierte und fünfte folgen dann,
(Finger nacheinander ausstrecken)
bis ein jeder Finger
findet schnell sein Zimmer
und im Haus
nun tanzen kann.
(mit den Fingern zappeln und mit dem zweiten Handschuh von vorn beginnen)

Form von geeigneten Fortbildungen, von angemessenem Mobiliar (um die körperliche Belastung zu reduzieren) oder aber durch externe Beobachtung und Begleitung.

5. Draußen & unterwegs

In einer Waldkita oder am Waldtag einer Einrichtung entfällt das gewohnte An- und Ausziehen in der Garderobe. Aber auch draußen in der Natur gibt es immer wieder Momente, die der Garderobensituation ähneln. Je nach Jahreszeiten zeichnen sie sich allerdings zusätzlich durch ganz besondere Anforderungen aus: Im Frühling oder im Herbst beginnen die Tage i.d.R. kühl, aber es wird im Laufe des Tages wärmer. Möchten die Kinder dann gerne Kleidung ausziehen, stellt sich die Frage: Wohin mit den Jacken und Schals? Ältere Kinder können diese evtl. am eigenen Rucksack befestigen, was allerdings eine motorische Herausforderung darstellt (am ehesten eignen sich hierfür Rucksäcke mit Deckelklappen, also ohne Reißverschluss). Auch werden die Rucksäcke durch die Jacken sehr schwer. Um praktikable Lösungen zu finden, sollten sich pädagogische Fachkräfte im Team besprechen: Eignet sich z.B. ein Boller- oder Krippenwagen oder werden die Jacken im Rucksack der Fachkraft transportiert? In einer Waldkita bietet es sich außerdem an, eine Außengarderobe einzurichten. Im Winter hingegen stellt das Anziehen der Handschuhe insbesondere nach dem Händewaschen eine Herausforderung dar. Gerade Fingerhandschuhe sind für Kleinkinder sehr schwierig anzuziehen, da jeder einzelne Finger die richtige Ausbuchtung finden muss. Passende Fingerspiele können Kinder und pädagogische Fachkräfte hierbei unterstützen (s. PRAXISTIPP).

Literatur

Daldrop, K.: Die Garderobensituation im Krippenalltag – Mikrotransition und Aktivität des täglichen Lebens. Qualitative Interaktionsgestaltung und Assistenz. 2016. www.kita-fachtexte.de/uploads/media/KiTaFT_Daldrop_Garderobensituation_2016.pdf [Abruf am 16.02.2021]

Gutknecht, D.: Bildung in der Kinderkrippe. Wege zur Professionellen Responsivität. Stuttgart: Kohlhammer 2015

Gutknecht, D./Kramer, M.: Mikrotransitionen in der Kinderkrippe. Übergänge im Tagesablauf achtsam gestalten. Freiburg: Herder 2018

Die vollständige Literaturliste erhalten Sie auf www.kleinstkinder.de oder auf Anfrage bei der Redaktion.

VI. **INDIVIDUELLE BEGLEITUNG ZUM WINDELWECHSEL**

Zeit für eine frische Windel

Wenn der Windelwechsel ansteht, reagieren manche Kleinstkinder mit großem Widerstand. Damit das nicht passiert, müssen Fachkräfte den Übergang gut einleiten und ihn sprachlich responsiv begleiten.

von Kira Daldrop

1. Geplant & ungeplant

Das Wickeln ist eine Aktivität, die pädagogische Fachkräfte und junge Kinder jeden Tag viele Male gemeinsam durchlaufen. Auch wenn die meisten Einrichtungen dafür feste Zeitfenster eingerichtet haben, z.B. vor dem Essen und nach dem Schlafen, finden die Mikrotransition und das Wickeln selbst natürlich auch nach Bedarf statt. Der Eins-zu-eins-Kontakt scheint eine gute Voraussetzung für das Gelingen dieses kleinen Übergangs zu sein. Doch spätestens, wenn Widerstände bei einem oder mehreren Kindern auftreten, lohnt sich eine genaue Betrachtung der Situation und ein Perspektivwechsel: Wie empfinden die Kinder diese Mikrotransition? Mit welchen Erwartungen sehen sie sich konfrontiert und wie kommunizieren Fachkräfte diese?

Bei allen Überlegungen ist das Wickeln im Kontext des Entwicklungsbereichs Ausscheidungsautonomie zu sehen (Gutknecht/Haug-Schnabel 2019). Die Fachkräfte begleiten Kinder in unterschiedlichen Stadien auf diesem Weg und versuchen ihre jeweiligen Signale im Sinne einer professionellen Responsivität zu beantworten (Gutknecht 2015): So nehmen einige Kinder noch nicht bewusst wahr, dass sie bereits ausgeschieden haben und eine frische Windel benötigen, andere wiederum befinden sich schon in der Phase der sog. *Meldung im Nachhinein* und fordern das Wechseln der Windel ein. Sie haben gelernt, welche Handlungsschritte nach dem Ausscheiden erfolgen, und wenden sich an die pädagogischen Fachkräfte.

Im richtigen Moment abholen

Da Wickeln zu jeder Zeit nötig werden kann, birgt die Mikrotransition besondere Herausforderungen: Für ein Kind kommt es vielleicht überraschend, von der Fachkraft im Spiel oder während der gemeinsamen Zwischenmahlzeit zum Wickeln aufgefordert zu werden. Besonders Kinder, die lange brauchen, um in ein intensives Spiel zu finden, reagieren mitunter heftig auf eine unvermittelte Ansprache (Gutknecht/Haug-Schnabel 2019). Eine kurze Zeit der Beobachtung kann darum helfen, einen für das Kind günstigen Moment abzupassen. Bei Mädchen und Jungen, die sehr sensibel oder mit großem Widerstand reagieren, bieten sich selbst initiierte Mikroübergänge in Spielphasen für das Windelwechseln an, bspw. in einer Situation, in der ein Kind gerade ein Puzzle beendet hat.

Auch für pädagogische Fachkräfte gibt es Alltagssituationen, in denen ein Windelwechsel ungelegen kommt, z.B. bei der Einschlafbegleitung. Egal wie unpassend die Situation aber gerade sein mag – ein Kind sollte nie ohne vorherige Ansprache hochgenommen und kommentarlos zum Wickeln mitgenommen werden. Insbesondere die sprachliche Gestaltung des Übergangs gibt den

Fotos: Harald Neumann

Kindern Sicherheit und hilft ihnen, nach und nach zu verinnerlichen, wie der individuelle Übergang zum Wickeln mit der jeweiligen Fachkraft aussieht (s. PRAXISTIPP).

Zurück ins Gruppengeschehen
Nach dem Windelwechsel sind pädagogische Fachkräfte häufig noch mit notwendigen Hygienemaßnahmen wie Händewaschen, Desinfizieren etc. beschäftigt, während das Kind schon bereit für den Übergang zurück in die Gruppe ist. Doch auch hierbei benötigen unter Dreijährige mitunter Unterstützung. Da ein freundliches Zurückschicken nicht immer genügt, sollte dem Wunsch nach Begleitung so lange nachgekommen werden, bis ein Kind den Übergang selbstständig bewältigen kann. Ist es bei der Rückkehr in den Gruppenraum z. B. unsicher oder hat es Schwierigkeiten, in eine Aktivität zurückzufinden, braucht das Kind die Unterstützung der Fachkraft. Ist sie noch beschäftigt, kann auch eine Übergabe an eine andere pädagogische Fachkraft im Gruppengeschehen initiiert werden.

2. Lösungen für häufige Konfliktthemen

Um Widerstände bei den Übergängen zur Wickelsituation zu vermeiden, sollten Fachkräfte reflektieren, wie sie typische Konflikte verhindern können. Die folgenden Beispielszenen beschreiben häufige Probleme im pädagogischen Alltag und helfen somit, die Prozesse rund ums Wickeln zu reflektieren.

Endlich hat es Leo geschafft, eines der begehrten Rutschautos zu ergattern. Gerade als er lossausen will, kommt seine Fachkraft auf ihn zu mit den Worten: „Oh, Leo, ich glaube, es ist mal Zeit für eine frische Windel!" Leo klammert sich verzweifelt am Lenkrad fest und fängt an zu weinen.

PRAXISTIPP

Sprachliche Begleitung der Mikrotransition „Wickeln"

Bereits bei der Ankündigung der Mikrotransition kann die pädagogische Fachkraft dem Kind durch ihre Wortwahl und Stimme Ruhe, Orientierung und Sicherheit vermitteln (Gutknecht et al. 2017). Die Jüngsten profitieren dabei besonders von klaren Formulierungen, z. B.: „Hanna, ich möchte mit dir in den Waschraum gehen. Du brauchst eine frische Windel." Formulieren Fachkräfte die Aufforderung hingegen als Frage, bringen sie sich und die Kinder in eine schwierige Situation. Denn wenn das Kind die Frage „Soll ich dir mal die Windel wechseln?" verneint, kann das Wickeln i. d. R. trotzdem nicht einfach ausgelassen werden.
Auch abwertende Formulierungen müssen vermieden werden. Kleinkinder sind auf die Assistenz der pädagogischen Fachkräfte angewiesen und scheiden nicht zu einem ungünstigen Zeitpunkt aus, um Erwachsene zu verärgern. Beschämende Sätze wie „Das war ja klar, dass du jetzt wieder die Windel vollmachst" oder geäußerter Ekel wie „Puh, du stinkst aber richtig!" müssen unbedingt vermieden bzw. reflektiert und zugunsten einer zugewandten und responsiven sprachlichen Begleitung verändert werden.

Ein begehrtes Spielzeug zugunsten des Windelwechsels aufzugeben, fällt vielen Kindern schwer. Ein Spielzeugparkplatz, Pausenkörbe u. Ä. (s. Kapitel VII) geben die nötige Sicherheit, das Spielzeug nach dem Wickeln weiter bespielen zu können (Gutknecht/Kramer 2018). Auch die Versicherung der Fachkraft, dass sie das Spiel nach dem Wickeln wieder aufnehmen dürfen, reicht einigen Kindern aus. Tritt dieser Konflikt jedoch häufiger auf, kann sich ein Blick darauf lohnen, ob die vorhandenen Ressourcen für die Gruppe ausreichend sind. Vielleicht würde im Beispiel schon ein Rutschauto die Lage entspannen?

Marlon ist im Kita-Alltag fröhlich und neugierig. Doch jedes Mal, wenn eine Fachkraft ihn zum Wickeln mitnehmen will, fängt er an zu schreien. Er will viel lieber bei den anderen bleiben und weiterspielen. Das Wickeln ist immer so langweilig.

Für eine neue Windel ihr Spiel zu unterbrechen, fällt den Jüngsten oft schwer

Handlungsschritte im Wickelprozess selbst zu übernehmen, macht den Übergang für Kinder leichter

Auch die konkrete Wickelinteraktion selbst kann Auswirkungen auf die Übergangsgestaltung haben: Wird das Windelwechseln als Zeit der exklusiven Aufmerksamkeit gestaltet und kann das Kind Handlungsschritte dabei eigenständig übernehmen, erlebt es gemeinsam mit der Fachkraft lustige und zugewandte Situationen – dadurch fällt ihm der Übergang leichter (Gutknecht/Kramer 2018). Denn eine an den Fähigkeiten des Kindes orientierte Wickelinteraktion empfindet dieses i.d.R. als deutlich angenehmer, als z.B. passiv auf dem Rücken zu liegen. Die pädagogischen Fachkräfte sind hier in ihren sog. **Handlingkompetenzen** gefragt.

Elif wurde gerade eingewöhnt und fühlt sich sehr wohl in der Spatzengruppe. Als eine Fachkraft bemerkt, dass das Mädchen eine frische Windel braucht und seine Bezugserzieherin gerade einen Streit schlichtet, geht diese freundlich auf die Einjährige zu. Elif schaut sie erschrocken an und schüttelt vehement den Kopf.

Wickeln ist als intensive Zeit der Zuwendung im Alltag von Kita und Tagespflege besonders wichtig. Bevorzugt ein Kind für diese Aktivität eine ganz bestimmte Bezugsperson, kann es bei einer anderen pädagogischen Fachkraft deutliche Widerstände zeigen und das Wickeln verweigern. Ist es möglich, dem Kind die Wahl zu überlassen, verpufft der Konflikt meist sehr schnell.

Allerdings muss ein Kita-Team sicherstellen, dass das Wickeln auch dann problemlos stattfinden kann, wenn die entsprechende Bezugsperson abwesend ist. Die zu starke Fokussierung auf eine pädagogische Fachkraft gestaltet sich im institutionellen Kontext schwierig. Durch Krankheit, Fortbildung oder Dienstplan muss das Kind auch mit anderen Personen den Alltag meistern können. Selbst bei Tagespflegepersonen sind Krankheitsvertretungen keine Seltenheit. Eine intensive Zeit des Beziehungsaufbaus zu weiteren Fachkräften oder eine „Wickel-Eingewöhnung" können deshalb dabei helfen, den Übergang zum Wickeln zu erleichtern (Gutknecht/Kramer 2018).

Daria hatte in der Vergangenheit vermehrt mit Windeldermatitis zu kämpfen. Darum achten die pädagogischen Fachkräfte besonders darauf, sie oft und sanft zu wickeln. Doch jedes Mal, wenn sie das Mädchen auf den Arm nehmen und Richtung Waschraum tragen, fängt es an zu schreien. Obwohl Daria zurzeit gar keinen wunden Po hat.

Fotos: Harald Neumann

Es gibt Kinder, die im Windelbereich zu Hautirritationen neigen und Schmerzen beim Windelwechsel verspüren oder wegen anderer unangenehmer Wickelerfahrungen diese Situation vermeiden wollen. Auch der Waschraum kann Unwohlsein oder Angst auslösen und muss daraufhin betrachtet werden (s. Kapitel VIII). Besonders gesundheitliche Ursachen lassen bei allen Beteiligten schnell ein Gefühl von Hilflosigkeit entstehen. Klare Absprachen mit den Eltern und im Team können dann die nötige Sicherheit (zurück-)geben, das Kind auch durch eine unangenehme oder gar schmerzhafte Wickelsituation achtsam und responsiv zu begleiten. Trost und Zuspruch vermitteln dem Kind, dass es gehört wird, und geben ihm auch in einer unangenehmen Situation ein sicheres Gefühl.

Bei anhaltenden oder massiven Konflikten und Widerständen rund ums Wickeln gilt es, im Team eine Gesprächskultur zu etablieren, bei der ein vertrauensvoller Austausch und eine gemeinsame Planung möglich wird. Dabei sollte Themen wie bestmögliche Abläufe, gegenseitige Erwartungen, Umgang mit vermeintlichem Zeitdruck, aber auch mit Ekel oder Gefühlen der Frustration ausreichend Raum gegeben werden (Gutknecht/Haug-Schnabel 2019).

3. Draußen & unterwegs

Kinder können sich in neuen, unübersichtlichen Situationen weniger gut auf das Windelwechseln einlassen. Darum müssen Fachkräfte darauf achten, das bereits verinnerlichte Skript des Wickelns in der Kita z.B. im Wald möglichst in gleicher Weise aufrechtzuerhalten (Gutknecht/Haug-Schnabel 2019).

Wenn Fachkräfte mit unter Dreijährigen länger unterwegs sind, befindet sich allerdings nicht immer eine geeignete Wickelmöglichkeit in erreichbarer Nähe. Verfügbare Plätze erfüllen z.B. nicht die hygienischen Voraussetzungen oder können aus Gründen der Aufsichtspflicht nicht genutzt werden. Um das Wickeln unterwegs trotzdem möglichst entspannt und angenehm gestalten zu können, braucht es deshalb eine entsprechende Vorbereitung.

Folgende Utensilien sollten die pädagogischen Fachkräfte für die Zeit draußen einpacken, damit sie schnell und flexibel reagieren können (Gutknecht/Haug-Schnabel 2019):

- Wickelunterlagen
- Tücher für den Sichtschutz
- Feuchttücher
- Windeln
- Handschuhe
- Händewasch-Utensilien
- evtl. Mini-Dusche
- Desinfektionsmittel
- Müllbeutel
- Wechselwäsche

Mit guter Planung ist das Windelwechseln auch im Freien kein Problem

Wenn keine optimalen Bedingungen herrschen, kann oft auch das Wickeln im Stehen eine gute Lösung sein. Gerade bei nassem Wetter lässt sich das Windelwechseln so möglichst angenehm gestalten. Ein Ort etwas abseits des Gruppengeschehens, z.B. an einem Baum oder einer Bank, wo das Kind sich festhalten kann, eignet sich dann problemlos als Wickelplatz.

An kalten Tagen draußen wickeln

Kalte Temperaturen sorgen dafür, dass Windeln öfter gewechselt werden müssen, da eine feuchte Windel zu schnellerem Auskühlen führen kann. Da sich bei vielen Kleidungsschichten Feuchtigkeit auch schwieriger erspüren lässt, sollten Fachkräfte die Windeln der Kinder möglichst oft kontrollieren.

Je nach Witterung sollte das Windelwechseln draußen außerdem zügig geschehen. Auch dabei helfen gut geplante Mikrotransitionen. Alles, was zu einem harmonischen und unterbrechungsarmen Ablauf beiträgt, verhindert, dass sich das Wickeln unnötig in die Länge zieht.

Dabei gilt es, sich draußen wie drinnen konsequent an den Bewegungen der Kinder zu orientieren und vor allem Gleichgewichtsirritationen durch zu schnelles Agieren der pädagogischen Fachkraft zu vermeiden.

Literatur

Gutknecht, D.: Bildung in der Kinderkrippe. Wege zur Professionellen Responsivität. Stuttgart: Kohlhammer 2015

Gutknecht, D./Haug-Schnabel, G.: Windel adé. Kinder in Krippe und Kita achtsam begleiten. Freiburg: Herder 2019

Gutknecht, D./Kramer, M./Daldrop, K.: Praxis kompakt: Kinder bis drei Jahre in Krippe und Kita. Freiburg: Herder 2017

Die vollständige Literaturliste erhalten Sie auf www.kleinstkinder.de oder auf Anfrage bei der Redaktion.

VII. RUND UM DEN TOILETTENGANG

Auf dem Weg zum Klo

Wenn Kleinstkinder auf die Windel verzichten, ist oft Eile geboten. Wie können Fachkräfte die Jüngsten so zum WC begleiten, dass sie diesen wichtigen Entwicklungsschritt dennoch entspannt gehen können?

von Anina Dürmüller Frei

1. Schritt für Schritt zur Selbstständigkeit

Beim Gang zur Toilette gewinnen Kleinkinder jeden Tag etwas mehr Selbstständigkeit. Der Verzicht auf die Windel bedeutet aber noch lange nicht, dass die Mädchen und Jungen keine Begleitung mehr benötigen, im Gegenteil: Die Mikrotransition zur Toilette erfordert von pädagogischen Fachkräften sogar eine besonders hohe Flexibilität, da sich Ausscheidungssituationen zeitlich nicht planen lassen. In vielen Fällen ist ein Aufschieben um keine Minute möglich. Dass die Situation meist einen Eins-zu-eins-Kontakt nötig macht und eine andere Fachkraft mit der restlichen Kindergruppe zurückbleibt, löst oft zusätzlich Stress aus.

Um Kinder bei dieser Mikrotransition dennoch entspannt begleiten zu können, lohnt sich ein Blick auf die Schritte, die unter Dreijährige bis zum selbstständigen Toilettengang bewältigen müssen (s. INFO). Denn auf ihrem Weg zur sog. Ausscheidungsautonomie benötigen sie meist bei allen Teilschritten Unterstützung. Diese beginnt bereits bei der bewussten Gestaltung der Mikrotransition zur Toilette.

Auf was pädagogische Fachkräfte achten sollten, damit Kleinkinder den wichtigen Entwicklungsschritt zu mehr Selbstständigkeit ohne Stress gehen können, erläutern die folgenden Abschnitte.

2. Schnell & gelassen reagieren

Oft signalisieren Kleinkinder ihre Ausscheidungsbedürfnisse in unpassenden Momenten (z.B. im Morgenkreis) oder während einer anderen Mikrotransition, etwa beim Wechsel nach draußen. Trotzdem müssen die kleinen Übergänge rund um den Toilettengang immer Vorrang haben und Fachkräfte umgehend reagieren. Denn unter Dreijährige können ihr Ausscheidungsbedürfnis noch nicht oder nicht lange aufschieben. Erst im Alter von vier bis fünf Jahren sind sie i.d.R. in der Lage, es für eine kurze Zeit hinauszuzögern (Gutknecht/Haug-Schnabel 2019). Genau wie bei der *Meldung im Nachhinein* bei Wickelkindern (s. Kapitel VI) müssen sich Fachkräfte also darauf einstellen, jederzeit die eigene Tätigkeit zu unterbrechen, um die Mikrotransition zur Toilette einzuleiten. In solchen Situationen sollte es ausreichen, kurz mitzuteilen: „Ich begleite Marie auf die Toilette!"

Strategien zur Selbstregulierung, wie bspw. ein kurzes Innehalten und tiefes Durchatmen, helfen pädagogischen Fachkräften dabei, schnell und zugleich entspannt auf den anstehenden Gang zur Toilette reagieren zu können. Und auch Gespräche im Team über das Vorgehen in solchen Situationen tragen dazu bei, gelassen auf das kindliche Bedürfnis einzugehen. Ein Baustein zu einer gelingenden Gestaltung der Mikrotransitionen ist dabei nicht nur eine responsive pädagogische Begleitung, sondern auch eine wertschätzende Sprache.

Fotos: Harald Neumann

3. Hilfen zur Gestaltung der Mikrotransition

Damit die Mikrotransition zu einer Ausscheidungssituation möglichst entspannt verläuft, sollten die Kinder die Toiletten- und Waschräume als angenehme Orte wahrnehmen. Kalte, fensterlose Räume mit greller, künstlicher Beleuchtung und einem unangenehmen Geruch können negative Empfindungen oder sogar Ängste auslösen. Da überrascht es nicht, dass manche Kinder im Kita-Alltag nur ungern den gemütlichen Gruppenraum verlassen. In diesen Fällen lohnt es sich, über eine Umgestaltung der Toiletten- und Waschräume nachzudenken (s. Kapitel VIII). Aber auch bestimmte Hilfsmittel und vorausschauende Maßnahmen erleichtern Kindern den Weg zur Toilette, wie im Folgenden gezeigt werden soll.

Orientierungshilfe auf dem Weg

Der Übergang vom Gruppenraum zur Toilette kann für Kleinkinder in vielerlei Hinsicht eine Hürde darstellen. In manchen Kitas müssen sie einen weiten Weg zurückzulegen. Da die Jüngsten noch nicht lange warten können, schafft z.B. vorübergehend ein Töpfchen Abhilfe. Aus pädagogischer Sicht kann es wertvolle Dienste leisten, da es überall sofort zur Verfügung steht und so zu Erfolgserlebnissen verhilft. Die Verwendung eines Töpfchens muss jedoch unbedingt mit örtlichen Hygienevorgaben abgestimmt werden!
Diese sind in den Hygieneplänen des jeweiligen Bundeslandes zu finden. So ist bspw. in Baden-Württemberg die Verwendung von Töpfchen unter strengen Hygiene-Auflagen erlaubt: Fachkräfte dürfen diese entweder nur personenbezogen einsetzen oder sie müssen nach jeder Benutzung eine Flächendesinfektion durchführen. Zudem ist ein gesonderter Fäkalienausguss im Waschraum notwendig (Geisel 2019).
Eine weitere Möglichkeit, Kindern den Weg zur Toilette zu erleichtern, bieten Wegmarkierungen auf dem Boden. Damit schaffen Fachkräfte eine optische Orientierungshilfe. Zusätzlich zu diesen kleinen Hilfsmitteln haben Fachkräfte aber immer auch die Aufgabe, Kleinkinder zu begleiten. Damit erleichtern sie nicht nur den Übergang in Bezug auf den Raumwechsel, sondern unterstützen unter Dreijährige auch emotional. Denn Kinder benötigen auf dem Weg zur Ausscheidungsautonomie nicht nur technische Unterstützung, sondern auch emotionale Zuwendung.

> **INFO**
>
> **Ausscheidungsautonomie**
>
> Der Weg hin zur *Ausscheidungsautonomie* ist äußerst komplex und besteht aus vielen kleinen Teilschritten, die vom Kind gemeistert werden müssen:
> - Harn- oder Stuhldrang spüren,
> - eigenständig eine Toilette aufsuchen,
> - sich die Kleidung ausziehen,
> - sich ohne Hilfe auf die Toilette setzen,
> - dort selbstständig sitzen,
> - sich abputzen,
> - die Kleidung ohne Hilfestellung wieder anziehen,
> - spülen und die Hände waschen.
>
> Erst wenn ein Kind alle diese Handlungen selbst ausführen kann, ist die Ausscheidungsautonomie vollständig erreicht (Gutknecht/Haug-Schnabel 2019).

Beim Toilettengang brauchen Kleinkinder technische und emotionale Unterstützung

Schutzzone bei Spielunterbrechungen

Manche Kinder möchten nur ungern ihr Spiel unterbrechen, um die Toilette aufzusuchen. Zu groß ist ihre Sorge, dadurch ihr aktuelles Spielmaterial zu verlieren. Damit Kinder etwa keine Angst davor haben müssen, dass ein anderes Kind den soeben aufgebauten Turm während ihrer Abwesenheit umwirft, sollten anwesende Fachkräfte immer ein Auge darauf haben. Zusätzlich geben Utensilien wie Stoppschilder oder Pausenkörbe dem Kind ein

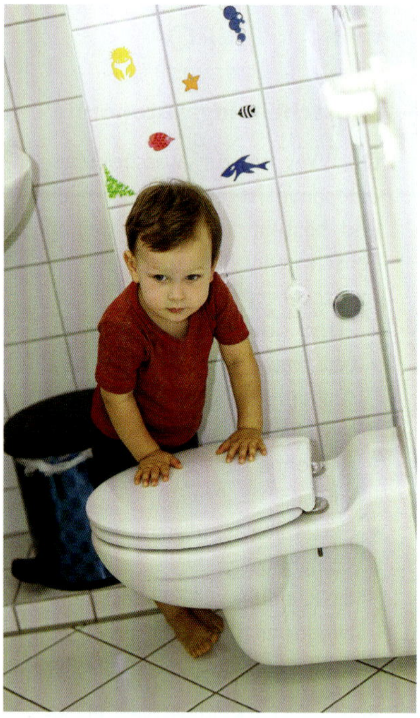

Ein freundlicher Raum macht alles leichter

Gefühl von Sicherheit: Legt ein Kind ein Stoppschild neben sein Bauwerk oder auf ein anderes Spielmaterial, signalisiert es damit den anderen: „Hier darf niemand etwas verändern." In einen Pausenkorb können die Kinder kurzzeitig Spielsachen oder ein Übergangsobjekt ablegen, während sie die Toilette aufsuchen. Eilt es sehr, kann natürlich auch die Fachkraft diese Aufgabe übernehmen. Wie beim Stoppschild befinden sich die Spielsachen im Pausenkorb in einer Art Schutzzone. Für größere Fahrzeuge wie Rutschautos oder rollende Käfer sind auch Parkplatzschilder oder Bodenmarkierungen als „Parkplätze" hilfreich (Gutknecht/Haug-Schnabel 2019).

4. Praktische Kleidung wählen

Auch die richtige Kleidung trägt dazu bei, den Übergang zur Ausscheidungssituation möglichst entspannt zu bewältigen. Latzhosen oder Jumpsuits lassen sich nur schwer zügig ausziehen. Komplizierte Verschlüsse wie Knöpfe, Bänder oder Häkchen stellen für Kleinkinder ebenfalls eine große Herausforderung dar. Selbst wenn pädagogische Fachkräfte sie beim Ausziehen unterstützen, können so wertvolle Sekunden verstreichen. Empfehlenswert ist dagegen elastische Kleidung wie Hosen mit Gummizug-Bund.

Da nicht allen Eltern die Bedeutung von Kleidung für die Ausscheidungsautonomie ihrer Kinder bewusst ist, sollten Fachkräfte mit ihnen das Gespräch suchen und Absprachen treffen. Dabei können sie ein gemeinsames Vorgehen entwickeln und überlegen, welche Kleidungsstücke den Entwicklungsprozess positiv unterstützen können.

5. Draußen & unterwegs

Um möglichst zügig die Mikrotransition vom Spiel oder einer anderen Tätigkeit zum Toilettengang einzuleiten, braucht es in der Natur eine gute Vorbereitung von Ausscheidungssituationen. Das schließt die Mitnahme von folgenden Utensilien ein: Schaufel, Toilettenpapier, ggf. Feuchttücher, Müllbeutel für benutztes Toilettenpapier, Händewasch-Utensilien sowie Desinfektionsmittel und evtl. Ersatzkleidung (s. TIPP). Um schnell reagieren zu können, ist es außerdem hilfreich, wenn die benötigten Utensilien in einem „Toilettenbeutel" handlich verpackt sind und griffbereit im Bollerwagen liegen.

Für das „große Geschäft" in der Natur sollten Fachkräfte ein Loch graben. Ist der Boden gefroren oder stark ausgetrocknet, können sie die Ausscheidungen mithilfe einer Tüte aufsammeln. Auch das Toilettenpapier muss auf jeden Fall mitgenommen werden, da es über und in der Erde sehr schlecht verrottet.

Ob ein „kleines" oder „großes Geschäft" ansteht: Fachkräfte müssen immer darauf achten, die jeweiligen Hygienevorschriften für Toilettengänge in der Natur einzuhalten (Geisel 2019). Dazu zählt i.d.R., dass sie bspw. das Töpfchen ohne Boden (s. TIPP S. 41) nach jeder Benutzung desinfizieren und den Ausscheidungsort entsprechend weit vom Spielgeschehen entfernt wählen.

Kinder in die Mikrotransition einbeziehen

Da die Kinder viel technische und emotionale Unterstützung benötigen, profitieren sie davon, in die Vorbereitungen der Ausscheidungssituation eingebunden zu werden. Denn je besser sie den Ablauf kennenlernen, desto positiver wirkt sich das auf eine gelingende Mikrotransition aus. Die Vorbereitungen sollten

TIPP

So bleibt Kleidung in der Natur trocken

Aufgrund vieler Kleidungsschichten können Fachkräfte und Kinder bei kaltem Wetter nicht immer schnell genug reagieren. Auch sind Kinder beim Toilettengang in diesem Fall stärker auf die Hilfe Erwachsener angewiesen. Mehrere Lagen erschweren das An- und Ausziehen aus zwei Gründen: Zum einen lassen sich die Schichten zusammen schwerer bewegen, zum anderen müssen sie nach dem Toilettengang wieder sortiert werden. Damit die Kleidung trocken bleibt, kann es z.B. im Außengelände der Kita darum sinnvoll sein, auf Matsch- bzw. Regenlatzhosen zu verzichten. Auch die Matschhose über die Jacke zu ziehen, erleichtert den Toilettengang, da so nicht erst die Jacke ausgezogen werden muss. Dieses Vorgehen eignet sich jedoch nicht bei starkem Niederschlag, da sonst das Regenwasser in die Hose läuft.

Gute Lösung im Freien: ein Töpfchen ohne Boden, platziert über einem Erdloch

allerdings möglichst zügig ablaufen, da genau wie drinnen auch im Freien jede Sekunde zählt.
Um bspw. einen geeigneten Ort zu finden, kann die Fachkraft mit dem Kind in ein Gespräch treten und fragen, ob es im Stehen urinieren möchte. Dann muss möglichst schnell ein geeigneter Baum in der direkten Umgebung gefunden und dieser Ort ggf. entsprechend vorbereitet werden (s. TIPP). Manche Kinder helfen gerne dabei, ein Loch zu graben oder das Loch am Ende wieder zuzuschütten. Durch die gemeinsam gestaltete Mikrotransition wird das Ausscheiden zu einem Vorgang, der als ganz normale Tätigkeit in den Alltag integriert ist.

Angstfreien Toilettengang ermöglichen

Damit sich Kinder beim Ausscheiden in der Natur wohlfühlen, sollten Fachkräfte für ausreichend Sichtschutz sorgen: Ein Baum oder ein Gebüsch, aber auch der Krippenwagen, eine aufgespannte Jacke oder ein Tuch eignen sich hierfür gut (Dürmüller Frei 2019).
Wenn sie die Umgebung ängstigt, benötigen unter Dreijährige in der Natur zudem eine verstärkte emotionale Unterstützung bei der Mikrotransition. Haben sie bspw. Angst, dass ein Wildschwein auftauchen könnte, oder sind sich sicher, dass gerade ein Monster hinter dem Baum verschwunden ist, darf die pädagogische Fachkraft als sichere Basis nicht fehlen.

TIPP

Sitzen oder stehen?

Meist muss es schnell gehen: Damit Fachkräfte nicht lange nach einem geeigneten Ausscheidungsort für junge Kinder suchen müssen, bietet sich draußen und unterwegs die Nutzung eines Töpfchens an. In der freien Natur empfiehlt sich eines ohne Boden. Indem Fachkräfte es z.B. im Wald über ein Spatenloch stellen, können die Kinder darauf so lange entspannt sitzen wie nötig. Auch wird dadurch der Rücken der Erwachsenen geschont, denn diese müssten sonst die Kinder „abhalten".
Manche Jungen und Mädchen urinieren lieber im Stehen. Dafür benötigen sie einen Baum, an dem sie sich abstützen können. Neigen sie sich dann leicht nach vorn, können sie bequem Wasser lassen, ohne dass ihre Kleidung nass wird (Dürmüller Frei 2019).

Literatur

Dürmüller Frei, A.: Ohne Windel unterwegs. Draußen auf dem Weg zur Ausscheidungsautonomie. In: Kleinstkinder in Kita und Tagespflege, 4-2019, S. 18–19

Geisel, B.: Hygieneleitfaden für die Kindertagesbetreuung. Stuttgart: Landesgesundheitsamt Baden-Württemberg 2019

Gutknecht, D./Haug-Schnabel, G.: Windel adé. Kinder in Krippe und Kita achtsam begleiten. Freiburg: Herder 2019

Gutknecht, D./Kramer, M./Daldrop, K.: Kinder bis drei Jahre in Krippe und Kita. kindergarten heute – praxis kompakt. Freiburg: Herder 2017

Die vollständige Literaturliste erhalten Sie auf www.kleinstkinder.de oder auf Anfrage bei der Redaktion.

Foto: Redaktion

VIII. HÄNDEWASCHEN IM TAGESABLAUF

Mit Wasser und Seife

Nicht erst seit Corona hat das Händewaschen in der U3-Betreuung einen festen Platz. Nur wenn Fachkräfte diese Mikrotransition im Tagesablauf situationsgerecht gestalten, kommen Kinder ihr gerne nach.

von Anina Dürmüller Frei

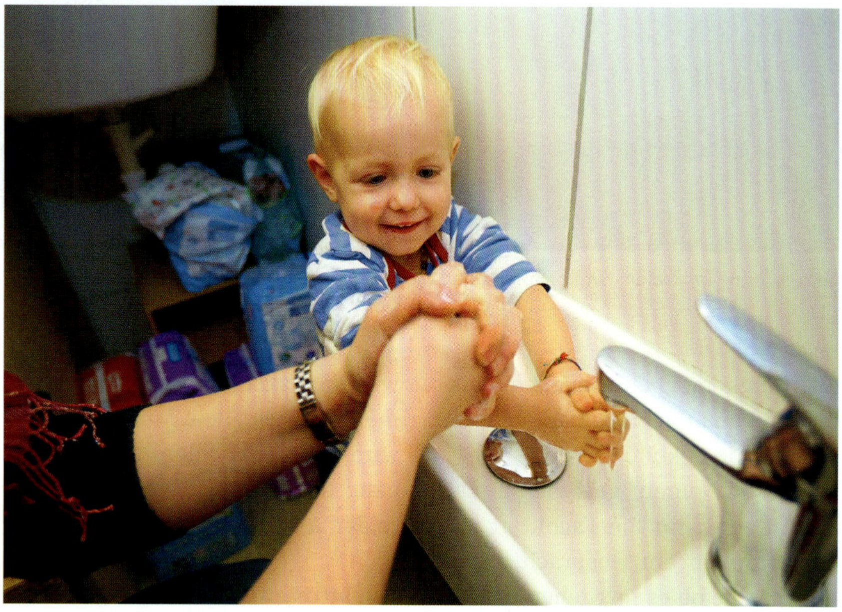

1. Nicht alle auf einmal

Bei sichtbarer Verschmutzung, vor dem Essen, nach dem Toilettengang, nach Tierkontakt und nach dem Naseputzen (Geisel 2019): Kleinkinder waschen sich in Kita und Tagespflege täglich mehrmals die Hände. Seit der Covid-19-Pandemie müssen die Hände sogar noch häufiger und gründlicher gewaschen werden. Dadurch finden rund um diese hygienische Maßnahme zahlreiche Mikrotransitionen statt. Wie bei anderen kleinen Übergängen sollten Fachkräfte auch hier Wartezeiten und Crowding-Effekte vermeiden (Malenfant 2006; Gutknecht/Kramer 2018). Denn Situationen, in denen viele Kinder zur selben Zeit dieselbe Tätigkeit ausführen oder lange warten müssen, führen bei diesen zu Stresserleben. Wenn Fachkräfte mit der kompletten Kindergruppe in den Waschraum gehen, können sie außerdem unmöglich alle Kinder achtsam begleiten. Als Folge steigt nicht nur der allgemeine Stresspegel an: Einige Kinder haben am Schluss auch keine gründlich gewaschenen Hände oder ihre Kleidung ist nass geworden (Gräbe 2016; Gutknecht/Kramer 2018).

2. Jede Situation ist anders

Die Gestaltung dieser Mikrotransition verläuft je nach Situation ganz unterschiedlich. Wie bei allen kleinen Übergängen ist es darum auch beim Händewaschen wichtig, die Abläufe im Team genau durchzusprechen. Dabei muss jede Situation für sich und im jeweiligen Kontext betrachtet werden (s. TIPP). So empfiehlt es sich bspw., für das Händewaschen vor und nach dem Essen das gesamte Mittags-Skript zu durchdenken (Gutknecht 2015).

Beim Ankommen
Seit der Covid-19-Pandemie müssen Erwachsene und Kinder bei der Ankunft in der Kita ihre Hände waschen. Das bedeutet, dass die Mikrotransition „Ankommen" mit der ersten Handreinigung zusammenfällt. Diese besondere Herausforderung lässt sich auf unterschiedliche Weise lösen. Die Eltern können bspw. gemeinsam mit ihrem Kind die Hände waschen und es anschließend einer Fachkraft im Gruppenraum übergeben. Diese Methode hat für die bereits anwesende Gruppe den Vorteil, dass alles wie gewohnt abläuft. Für die Eltern und das neu ankommende Kind kann das Händewaschen allerdings Stress auslösen, denn manche Eltern bringen ihre Kinder unter Zeitdruck in die Krippe. In den sowieso schon knappen Zeitplan die Handreinigung zu integrieren, kann sich somit negativ auf den Wechsel der Bezugspersonen (Eltern – Fachkraft) auswirken. Zudem lässt sich dadurch in der Praxis eine größere Menschenansammlung im Waschraum kaum vermeiden.
Alternativ kann eine Fachkraft jedes ankommende Kind im Garderobenbereich in Empfang nehmen. Sie geht mit jedem einzeln Hände

Fotos: Harald Neumann

waschen und begleitet es dann in den Gruppenraum. Danach nimmt sie das nächste Kind in Empfang. Dieses Vorgehen hat den Vorteil, dass alle Mädchen und Jungen direkt bei der Ankunft die ungeteilte Aufmerksamkeit einer Fachkraft erleben und sich nur wenige Personen gleichzeitig im Waschraum aufhalten. Ein Nachteil dieser Variante besteht allerdings darin, dass eine Fachkraft u. U. eine längere Zeit allein mit der Kindergruppe im Gruppenraum verbringt. Der Wechsel der Bezugspersonen in der Garderobe kann von den Jüngsten auch deshalb als negativ empfunden werden, weil sie die Garderobe als Übergabeort nicht gewohnt sind. Je nach Situation müssen Fachkräfte darum individuelle Lösungen finden.

Vor dem Essen

Das Händewaschen vor dem Essen stellt eine Herausforderung dar, da viele Kinder relativ zeitgleich dieselbe Aktivität durchführen sollten. Um Wartezeiten und Rangeleien zu vermeiden, ist es deshalb sinnvoll, Kleingruppen zu bilden oder die Kinder einzeln in den Waschraum zu begleiten (Gutknecht/Kramer 2018; Gräbe 2016). Je nach Personal- und Gruppensituation bieten sich hierfür folgende Vorgehensweisen an.

Bei der sog. Schleuse befindet sich eine Fachkraft im Essensraum und eine im Gruppenraum. Eine dritte Fachkraft holt jeweils ein bis drei Kinder im Gruppenraum ab, geht mit ihnen in den Waschraum und begleitet sie danach in den Essensraum. Auf diese Weise entfällt zwar der gemeinsame Essensbeginn und -abschluss. Wenn aber darauf geachtet wird, müde Kinder zuerst zum Händewaschen und zum Essen zu begleiten, kann sich dieses Vorgehen positiv auf die darauffolgende Einschlafbegleitung auswirken.

Alternativ gehen Kleingruppen von je zwei bis drei Kindern in die Mikrotransition. Im Unterschied zur *Schleuse* werden hierfür nur zwei Fachkräfte benötigt und die Kinder gehen nach dem Händewaschen nicht getrennt zum Essen. So begleitet eine Fachkraft insgesamt drei bis vier Kleingruppen zum Händewaschen, während die zweite Fachkraft die restlichen Kinder mit Fingerspielen, Liedern oder Büchern beschäftigt. Dies kann z.B. im Garderobenbereich oder an einem *Ankerplatz* (s. Kapitel III) stattfinden.

Feste Händewaschgruppen haben u.a. den Vorteil, dass Fachkräfte Kinder mit einem höheren Assistenzbedarf einer Gruppe mit selbstständigeren Kindern zuteilen können (Gutknecht/Kramer 2018). Auch gewinnen die Kinder zusätzliche Sicherheit, da sie wissen, wann sie an der Reihe sind. Ist ein Kind ausnahmsweise früher müde, können die Gruppen flexibel den Gegebenheiten angepasst werden.

Nach der Mahlzeit

Ist das Mittagessen beendet, finden viele Mikrotransitionen gleichzeitig statt. Während manche Kinder noch essen, sind andere schon lange satt und möchten schlafen gehen. Zwei Fachkräfte müssen im Extremfall also gleichzeitig den Esstisch, den Wickel-, Schlaf- und Waschraum betreuen. Damit sich die Situation entspannt, bieten sich anstelle der

TIPP

Leitfragen für die Handreinigung

- Wann im Tagesablauf sollen die Hände gewaschen werden?
- Welche Aktivitäten stehen vor bzw. nach dem Händewaschen an?
- Welche Gruppe nutzt wann den Waschraum?
- Kann das Händewaschen in manchen Situationen durch die Nutzung feuchter Baumwolltücher ersetzt werden?
- Möchten wir feste Händewaschgruppen bilden? Falls ja, in welchen Konstellationen?
- Wie gehen wir vor, wenn wir unterwegs sind?
- Inwiefern wirkt sich unsere Personalsituation auf das Händewaschen aus?

Vor und nach dem Essen gilt: Alle waschen sich die Hände

TIPP

Beim Händewaschen assistieren

Um ältere Kleinkinder beim Händewaschen zu unterstützen, kann die Fachkraft die nötigen Handbewegungen „trocken" vormachen. Bei allen Kindern sollte sie jedoch die Handlungen sprachlich begleiten. Dazu kann sie auf Strategien wie *Self-Talking* und *Parallel-Talking* zurückgreifen. Das bedeutet, dass sie entweder ihre eigene Tätigkeit oder die des Kindes beschreibt. Zu manchen Tätigkeiten muss das Kind auch aufgefordert werden, z. B.: „Ich mache jetzt den Wasserhahn an. Ah, das Wasser ist schön warm! Fühl mal, wie warm das Wasser ist!" Auch ein immer wiederkehrendes Lied oder ein Reim kann die Handreinigung begleiten.

Auch beim Händewaschen profitieren Kinder von guten Vorbildern

Handreinigung im Waschraum z.B. warme, feuchte Baumwolltücher an (Kramer/Gutknecht 2018). Diese können schon am Vormittag angefeuchtet und in einem Thermobehälter aufbewahrt werden. Dadurch entfällt der Gang in den Waschraum an dieser Stelle. Mithilfe der Tücher und ggf. eines Spiegels haben zudem auch jüngere Kinder die Möglichkeit, sich selbstständig zu reinigen. Aus hygienischen Gründen eignen sich die Baumwolltücher aber immer nur zur einmaligen Reinigung und jeweils nur für ein Kind. Außerdem müssen Fachkräfte prüfen, ob diese Reinigungsmethode den aktuell geltenden Hygienestandards entspricht.

Nach dem Toilettengang

Nach Ausscheidungssituationen befinden sich eine Fachkraft und ein Kind bereits in einer Eins-zu-eins-Situation. Deshalb bietet sich hier die Möglichkeit, das selbstständige Händewaschen in Ruhe zu üben. Allerdings setzt das eine gute Personalsituation voraus (s. TIPP).

3. Waschraum zum Wohlfühlen

Damit die Mikrotransition reibungslos abläuft und Kinder gerne und angstfrei zum Händewaschen gehen, muss der Waschraum für sie zu einem Wohlfühlort werden. Das gelingt, wenn die Fachkräfte nicht nur bei der Handreinigung assistieren (s. TIPP), sondern zusätzlich ein angenehmes Raumklima schaffen. Folgende Punkte gilt es dabei zu beachten (Gutknecht/Haug-Schnabel 2019):

- Wassertemperatur nicht über 43° C und wenig Wasserdruck (kann vom Sanitärtechniker für das ganze Gebäude eingestellt werden), da es Kindern oft schwerfällt, die Wasserhähne nur leicht aufzudrehen,
- angenehme Raumtemperatur (nicht kühler als im Gruppenraum),
- warme Farben, Zimmerpflanzen etc.,
- angenehmer Geruch (z.B. Duftlampen),
- Tageslichtbirnen anstelle von Neonröhren o.Ä.,
- hohe, gebogene Wasserhähne vermeiden, damit das Wasser weniger spritzt,
- Waschrinnen anstatt Waschbecken, damit Kinder in der Freispielzeit experimentieren können,
- Waschrinnen auf Kinderhöhe, im besten Fall in unterschiedlichen Höhen für größere und kleinere Mädchen und Jungen.

4. Draußen & unterwegs

In der Natur gelten dieselben Grundsätze wie in Innenräumen. Die Wartezeiten entzerren sich an einem Rastplatz im Freien allerdings meist automatisch, da einige Kinder noch damit beschäftigt sind, Rucksack und Jacke ab- bzw. auszuziehen,

Fotos: Harald Neumann; Anina Dürrmüller Frei

während andere schon die Hände waschen. Wenn es dennoch öfter zum „Händewasch-Stau" kommen sollte, können mobile **Ankerplätze** (vgl. S. 19) eingerichtet werden. Dort können die Kinder kurze Zeit warten, bis sie mit dem Händewaschen an der Reihe sind. Als mobiler *Ankerplatz* eignet sich bspw. eine Decke, die bei der Ankunft mit Bilderbüchern bestückt wird.

Die Fachkräfte sollten bei der Planung bedenken, dass ein Händewaschplatz bei der Ankunft an einem Freiluft-Rastplatz nicht sofort zur Verfügung steht: Wie auch der *Ankerplatz* muss dieser i.d.R. erst eingerichtet werden. Beide Vorbereitungen benötigen etwas Zeit.

Händewaschplatz einrichten

Um eine Waschstation einzurichten, sollten Fachkräfte die nötigen Utensilien in einem Bollerwagen mitführen. Die wichtigsten sind:

An der frischen Luft trocknet trocknet das Handtuch schnell

- je nach Gruppengröße mind. zwei Wasserkanister bzw. einen Wassersack oder Plastikflaschen (s. TIPP)
- evtl. Thermoskanne(n) mit warmem Wasser (je nach Außentemperatur)
- biologisch abbaubare (Flüssig-) Seife

Die Kinder haben im Rucksack außerdem ein eigenes Handtuch dabei – informieren Sie im Vorfeld die Eltern. Nach dem Gebrauch können sie es mit einem Karabinerhaken außen am Rucksack befestigen, sodass es schnell trocknet.

Die Kanister werden etwas erhöht aufgestellt, damit sich Kinder und Fachkräfte beim Händewaschen nicht bücken müssen. Als Unterlage eignet sich bspw. ein liegender Baumstamm, ein großer Stein, ein Baumstumpf oder auch der Bollerwagen, sofern die Rückwand herausgezogen werden kann. Für welche Möglichkeit sich Fachkräfte auch entscheiden: Sie sollten darauf achten, dass der Kanister sicher steht und die Hände beim Waschen genug Platz haben.

Wichtig: Die Kanister müssen nach Gebrauch immer austrocknen, damit sich keine Algen bilden.

Warme Hände im Winter

Da Wasser bei einer Winterexkursion sehr schnell eisig wird, sollten pädagogische Fachkräfte in den kalten Monaten unbedingt auch warmes Wasser in Thermoskannen mitführen. Mischen sie dieses mit dem Wasser in den Kanistern, erhalten sie eine angenehme Wassertemperatur. Außerdem sollten sie darauf achten, dass die Jüngsten ihre Hände zügig abtrocken, um nicht auszukühlen.

Wenn Kinder bei der Ankunft in einer Waldkita von kaltem Wasser für die Handreinigung empfangen werden, besteht die Gefahr, dass sie den Start in ihren Tag mit dem Stressor „Kälte" verknüpfen. Dadurch kann ihnen der Abschied von ihren Eltern schwerer fallen. In solchen Fällen müssen individuelle Lösungen gefunden werden. In Absprache mit den Eltern können Fachkräfte als Alternative z.B. Desinfektionsmittel für die Hände anbieten. Dazu sollte jedoch eine schriftliche Einverständniserklärung eines Erziehungsberechtigten vorliegen.

TIPP

Plastikflaschen statt Kanister

Für einzelne Waldtage können Fachkräfte anstelle von Kanistern auch feste Plastikflaschen verwenden. Diese sind handlicher und lassen sich mit der Seife in einem Händewaschbeutel verstauen. Für die Wasserflaschen bietet sich ein zweiter Deckel mit Loch an: Dreht die Fachkraft ihn vor dem Händewaschen auf die Flasche, rinnt ein feiner Wasserstrahl heraus. Dieser lässt sich durch etwas Druck leicht dosieren. Genauso praktisch ist ein Wassersack, der bspw. an einem Ast hängt.

Literatur

Geisel, B.: Hygieneleitfaden für die Kindertagesbetreuung. Stuttgart: Landesgesundheitsamt Baden-Württemberg 2019

Gräbe, L.: Bildungschancen beim Händewaschen. Kleinkindpädagogik nach Emmi Pikler. In: Klein und groß, 10-2016, S. 28–31

Gutknecht, D./Kramer, M.: Mikrotransitionen in der Kinderkrippe. Übergänge im Tagesablauf achtsam gestalten. Freiburg: Herder 2018

Die vollständige Literaturliste erhalten Sie auf www.kleinstkinder.de oder auf Anfrage bei der Redaktion.

IX. MEDIENTIPPS

1. BÜCHER

Mikrotransitionen in der Kinderkrippe
von Dorothee Gutknecht
und Maren Kramer
Herder 2018
Preis 15 Euro

Eingewöhnung und Übergang in Krippe und Kita gestalten
von Kariane Höhn
Herder 2016
Preis 19,99 Euro

Handbuch Kinder in den ersten drei Jahren
von Fabienne Becker-Stoll,
Renate Niesel und Monika Wertfein
Herder 2020
Preis 23 Euro

Grundlagen der Entwicklungspsychologie
von Gabriele Haug-Schnabel
und Joachim Bensel
Herder 2017
Preis 22 Euro

Essen in der Kinderkrippe
von Dorothee Gutknecht
und Kariane Höhn
Herder 2017
Preis 14,99 Euro

Schlafen in der Kinderkrippe
von Dorothee Gutknecht
und Maren Kramer
Herder 2018
Preis 15 Euro

Windel adé
von Dorothee Gutknecht
und Gabriele Haug-Schnabel
Herder 2019
Preis 15 Euro

Wickelbuch für jeden Tag
von Ralf Musen
Herder 2018
Preis 6 Euro

Fachwörterbuch Kita
von Knut Vollmer
Herder 2021
Preis 30 Euro

Themenheft
Grundlagen der Entwicklungspsychologie
von Jeanette Roos
und Steffi Sachse
Herder 2018
Preis 10 Euro

Themenheft
Schwierige Situationen im pädagogischen Alltag
von Dorothee Gutknecht,
Jasmin Hasslinger u. a.
Herder 2019
Preis 10 Euro

Praxismappe
Gefühle entdecken
Herder 2021
Preis 16 Euro

Praxismappe
Rituale erleben
Herder 2020
Preis 16 Euro

Übergänge ressourcenorientiert gestalten: Von der Familie in die Kindertagesbetreuung
von Renate Niesel
und Wilfried Griebel
Kohlhammer 2015
Preis 22,99 Euro

Achtsame Klangschalen-Spiele
von Tanja Draxler-Zenz
Ökotopia 2021
Preis 18 Euro

2. LINKS

bit.ly/3xeBP5X
In Ergänzung zu Kapitel III zeigt dieser Film, wie Mittagsschlaf im Waldkindergarten gestaltet werden kann.

kindergesundheit-info.de
Das Portal der ***Bundeszentrale für gesundheitliche Aufklärung*** informiert über Hygienekonzepte in Kitas. Unter dem Stichwort „Übergänge" finden sich Beiträge rund ums Thema Transitionen.

Ifp.bayern.de
Das ***Staatsinstitut für Frühpädagogik (IFP)*** in Bayern hat auf seiner Website eine Reihe von Fachartikeln zum Thema Transitionen zusammengestellt; dazu einfach in der Suchleiste den Begriff „Transitionen" eingeben.

nifbe.de
Das ***Niedersächsische Institut für frühkindliche Bildung und Entwicklung*** präsentiert auf seinem Portal Artikel zu Mikrotransitionen und Transitionsforschung.

verhaltensbiologie.com
Die ***Forschungsgruppe Verhaltensbiologie des Menschen*** mit Sitz in Kandern veröffentlicht auf ihrer Website regelmäßig Forschungsergebnisse ihrer Arbeit. Die großen und kleinen Übergänge im Leben von Kindern werden hier regelmäßig thematisiert.

DR. DOROTHEE GUTKNECHT

ist Professorin an der Evangelischen Hochschule Freiburg mit den Schwerpunkten Säuglings- und Kleinkindpädagogik, Spracherwerb, Inklusion in der Früh- und Elementarpädagogik sowie der Achtsamkeit und Responsivität frühpädagogischer Fachkräfte. Sie ist eine international ausgewiesene Expertin und Autorin und hat viel Praxiserfahrung in der Arbeit mit Kindern und ihren Familien in pädagogischen und therapeutischen Kontexten.

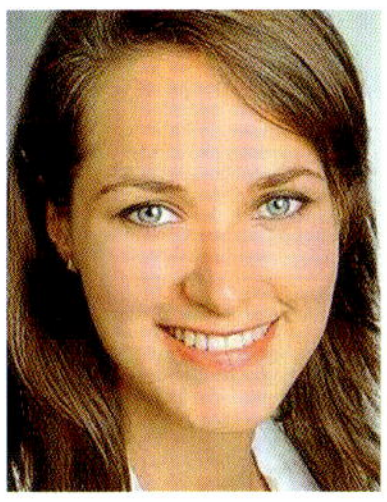

MAREN KRAMER

ist Kindheitspädagogin M. A. und arbeitet als pädagogische Gesamtleitung und Geschäftsführerin bei den *Stadtzwergen* in Heilbronn. Zudem ist sie als Fortbildungsreferentin für Kleinkindpädagogik und als Lehrbeauftragte an der Evangelischen Hochschule in Freiburg tätig und schreibt Bücher und Artikel für Krippe und Kita.

KIRA DALDROP

arbeitet als Kindheitspädagogin in der Frühförderung in Bitterfeld, Sachsen-Anhalt. Zudem ist sie Fortbildungsreferentin mit dem Schwerpunkt Kleinkindpädagogik und Mitarbeiterin im Projekt „Achtsames und responsives Handling in Krippe und Kita“ unter der Leitung von Frau Prof. Dr. Dorothee Gutknecht Seit mehreren Jahren ist sie Lehrbeauftrage im Studiengang „Pädagogik der Kindheit“ an der Evangelischen Hochschule in Freiburg.

ANINA DÜRMÜLLER FREI

ist Kindheitspädagogin mit mehrjähriger praktischer Erfahrung im U3-Bereich. Sie studierte in Liestal (CH) und Freiburg, leitet eine Waldkita und ist als Fortbildungsreferentin tätig. Seit 2019 arbeitet sie alsLehrbeauftragte an der Evangelischen Hochschule Freiburg. Ihre Schwerpunkte sind Lebensaktivität, Ausscheiden, Achtsamkeit und Naturpädagogik.

Fotos: Gudrun de Maddalena; Andreas Lörcher; privat

IMPRESSUM

„Mikrotransitionen mit den Jüngsten gestalten" ist ein Themenheft der Zeitschrift „Kleinstkinder in Kita und Tagespflege – die Fachzeitschrift für Ihre U3-Praxis"

ISSN 1867-5360
ISBN 978-3-451-01068-2
ISBN (digital) 978-3-451-82256-8

Verlag Herder GmbH
Hermann-Herder-Str. 4
79104 Freiburg

Redaktion
Ulrike Fetzer (ufe)
Chefredakteurin, verantw.

Iris Erbach (ier)
Linn Helbig (lhe)
Katrin Imbery (kim)
Anja Kunz (aku)
Daniela Picco (dpi)

E-Mail: redaktion@kleinstkinder.de
www.kleinstkinder.de

Redaktionsbeirat
Prof. Dr. Dorothee Gutknecht, Maren Kramer

Titelfoto: Harald Neumann

Bestellung und Abonnement
Mo. – Fr. 9.00 – 17.00 Uhr
Telefon: 0761 2717-379, Fax: 0761 2717-360
E-Mail: aboservice@herder.de

Anzeigenleitung
Bettina Haller
Verlag Herder GmbH
Hermann-Herder-Str. 4
79104 Freiburg
Telefon: 0761 2717-456
haller@herder.de

Grafikumsetzung und -gestaltung
Röser MEDIA GmbH & Co. KG, Karlsruhe
www.roeser-media.de

Grafikentwicklung
Anja Schmidt Design, Freiburg
www.anjaschmidtdesign.de

Druck
RCDRUCK GmbH & Co. KG
www.rcdruck.de

Gedruckt auf chlorfrei gebleichtem Papier.

Haftungsausschluss
Alle Ratschläge und Hinweise in diesem Themenheft wurden sorgfältig recherchiert und in der Praxis erprobt. Sofern in unseren Angeboten Kleinteile verwendet werden, weisen wir darauf hin, dass Kinder unter drei Jahren bei Nutzung dieser Angebote einer kontinuierlichen Beaufsichtigung bedürfen. Bitte beachten Sie, dass weder Autoren, die Redaktion noch der Verlag für eventuelle Nachteile oder Schäden, die aus den in der Zeitschrift angegebenen Hinweisen resultieren, jegliche Haftung übernehmen.

Redaktioneller Hinweis
Zur besseren Lesbarkeit verwenden wir bei Personenbezeichnungen keine Doppelformen, sondern nur die weibliche oder die männliche Form. Gemeint sind immer alle Geschlechter.